Alfred Maury

Le symbolisme des animaux au moyen âge

m

Le serpent

De tous les symboles que le christianisme a adoptés, il n'en est certainement aucun qui remonte à une plus haute antiquité que celui du serpent. Le plus ancien des livres sacrés des Hébreux adopte, dès ses premières pages, la forme du reptile, pour en revêtir le génie du mal, lorsqu'il tente Ève[1].

C'était très probablement en Égypte, qui le tenait à son tour de l'Inde et de la Perse, que Moïse avait puisé cet emblème de la ruse, de l'insinuation et de la perfidie. En effet, nous voyons les Égyptiens peindre sous la figure du serpent, Apophis, la divinité malfaisante, l'adversaire d'Horus. Celui-ci était représenté perçant Apophis d'une lance[2], comme on vit plus tard les chrétiens montrer saint Michel triomphant du dragon infernal. Dans la religion indienne, le serpent Secha ou Vasouki, l'arbre Calpavrikcham, jouent le même rôle que le serpent tentateur et l'arbre de la science du bien et du mal, dans la genèse[3]. Crichna, l'incarnation de la seconde personne de la trinité hindoue, tua le serpent Caliya[4], idée qui rappelle trait pour trait celle de Jésus-Christ venant mettre fin au règne du démon ou du serpent. Garuda est placé à l'entrée de l'Éden hindou, dont il défend l'accès aux serpents[5]. En général le serpent se lie au culte de Çiva, le principe destructeur de la Trimourti, le Satan indien. En Perse, Ahriman, le dieu rival d'Ormuzd, la cause du péché du premier homme, celui qui a introduit le mal dans le monde, était regardé comme ayant la figure d'un serpent; c'était, sous la forme d'une couleuvre, qu'il avait sauté du ciel sur la terre et les dews ses sujets étaient autant de serpents gardiens de l'or[6]. Les adorateurs d'Ormuzd,

---

[1] Genèse III et ss. Cf. Bohlen, Die Genesis historisch-kritisch erlœutert, p. 37 ; et Osmond de Beauvoir-Priaulx, Quœstiones mosaicœ, or the book of Genesis compared with the remains of ancient religions, p. 85 et ss. London, 1842, in-8°.
[2] Gard. Wilkinson, Customs and manners of the ancient Egyptians, t. IV, pp. 243, 435. Rosellini, Monumenti dell Egitto e della Nubia. Tavola 40 et 41. Comp. Lepsius, Das Todtenbuch der Ægypter, Leipzig, 1842, pl. XVI et XVII.
[3] Creuzer, Religions de l'antiquité, trad. Guigniaut, t. 1, p. 342.
[4] Bohlen, Das alte Indien, t. I, p. 249. W. Francklin, Researches on the texts and Doctrines of the Jaïnes and Boodhistes, Londres, 1827, in-4°, p. 15. Coleman, The mythology of the Hindus, London, 1882, in-4°.
[5] E. Moor, The hindu Pantheon, pp. 23. et 341.
[6] Creuzer, ouv. cit., t. I, p. 334. Zend-Avesta, édit. Anquetil-Duperron, Boundehesch, t. II, p. 351. L'un des plus puissants d'eux s'appelait Aschmogh, c'est-à-dire le Serpent à deux pieds. (Zend Avesta, ibidem.)

les ennemis d'Ahriman, devaient, par le travail, extirper les serpents, emblèmes maudits[7]. Dans la mythologie scandinave, le serpent Midgard, que combattait Thor, la seconde personne de la trinité du nord, est fils de Loki. Or, Loki est le démon de la religion odinique, c'est l'opprobre des dieux et des hommes, l'artisan de tromperie et de fraude[8].

La Grèce a fait aussi paraître, dans ses fables, le symbole du serpent. Apollon, né de l'Horus égyptien, tue le serpent Pithon[9]; Hercule triomphe de l'Hydre de Lerne[10] et du dragon du jardin des Hespérides[11]. Les Titans, ennemis des dieux et qui, dans la mythologie antique, jouent le rôle des anges rebelles, étaient représentés avec des membres terminés par des serpents[12].

Celui de tous les livres canoniques des chrétiens, qui porte empreinte davantage la trace des mythes de la Perse et de l'Inde, l'Apocalypse, transporta dans la religion nouvelle l'antique symbole du serpent. Saint Jean peignit le démon sous les traits d'un grand dragon roux, ayant sept têtes, comme l'hydre, et dix cornes, et sur chacune des têtes, un diadème[13]. Ce dragon, après avoir séduit tout le monde, fut précipité à terre et l'ange l'enchaîna pour mille ans[14].

Conduite par la parole de l'auteur de l'Apocalypse, l'Église accepta donc le serpent comme l'emblème du démon. Satan fut désigné par elle sous les noms

---

[7]   Voyez, en général, sur cette matière, Rhode, Die heiligen Sagen des Zendvolkes, ch. IX, p. 364 (Francfort, 1820, in-8°), et l'excellent article Zoroastre, de M. Jean Reynaud, dans l'Encyclopédie nouvelle.

[8]   Cf. Mallet, Edda, fab. VII, p. 147-206, mais surtout Lexicon mythologicum, p. 497, ap. t. III, de l'Edda Sœmundar Hins Froda, p. 497, Copenhague, in-4o.

[9]   Dupuis, Origine de tous les Cultes, éd. Auguis, t. V, p. 100. Émeric-David Jupiter, recherches sur ce Dieu, l. II, p. 498. — Millin, Galerie mythologique, t. I, pl. 15 (53), 16 (54). — K.O. Müller, Die Dorier, t. I, p. 315. — J.H. Voss, Mythologische Briefe, t. II, br. XV, p. 121.

[10]   Dupuis, ouv. cit., t. II, p. 371; t. VI, p. 571.

[11]   Dupuis, ouv. cit., t. II, p. 225. Les monuments figurés qui représentent le jardin des Hespérides et offrent le combat d'Hercule contre le dragon rappellent, à beaucoup d'égards, le sujet d'Ève cueillant la pomme, d'après le conseil du démon. Ainsi, sur un vase peint rapporté par Millin, Gal. myth., t. II, pl. CXIV, on voit l'Hespéride Hermesa détachant la pomme de l'arbre qu'entoure le serpent, et tout le détail du sujet présente la plus frappante analogie avec le sujet biblique: des représentations semblables ne sont pas rares. Cf. Amalthea de Bœttiger, t. II, p. 197. Les dragons, en sanscrit «Naga», en chinois «Loury», jouent un grand rôle dans la mythologie bouddhique; ils forment une des huit classes des êtres intelligents, auxquels la doctrine du «Bouddha» peut assurer la délivrance finale. Les Bouddhistes comptent dans la mer cent soixante-dix-sept rois de dragons; le septième, Sokùlo, est le plus puissant; il apparaît parfois au-dessus de l'Océan. Voir Fockenki. Ed. Klaproth, ch. XVII, p. 162.

[12]   Voss, ouv. cit., t. II, br. XXXII, p. 261.

[13]   Apoc. XIII, 2; XVI, 13.

[14]   Apoc. XX, 2. Cf. Salvador, Jésus-Christ et sa doctrine.

de *draco*[15], *anguis, serpens, vermis*[16] ; le serpent devint le symbole du diable et de l'enfer, comme la colombe était celui de l'Esprit Saint. Voulut-on représenter dans les processions ou les cérémonies religieuses, le génie du mal, à l'empire duquel Jésus-Christ avait mis fin, on promena l'image monstrueuse et souvent grotesque d'un serpent, dont la position renversée désignait la défaite[17]. Voulut-on dans les représentations figurées offrir aux yeux le démon, peindre la victoire que de saints apôtres, de pieux prélats avaient remportée sur cet esprit de ténè-

---

[15]   Ces expressions figuraient entre autres dans la formule d'exorcisme : « Da fiduciam servis contra iniquissimum draconem… adjuro ergo te, draco nequissime, in nomine agni immaculati, qui ambulat super aspidem et basiliscum, qui conculcat leonem et draconem, ut discedas ab homine… » D. Martene, De antiquis ecclesiæ ritibus, lib. III, c. 9, p. 974, 2ᵉ édit. En provençal, l'expression faire le drac signifie faire le diable, comme le rappellent les premiers vers du Castel en l'Ayre de Gaudelin, poète provençal du XVIIᵉ siècle :

Belomen qu'yeu faré le drac,
Se jamay trobé dins un sac,
Cinc ô siés misante pistolos,
Espessos como de redolos.

Saint Nil désignait le mal sous la dénomination du serpent intellectuel : Οὕτωϛ ἐάν φυλάττηϛ χαί τάϛ μιχράϛ ἐντολάϛ, ὁ νοητόϛ ὄφιϛ οὐ δυνάται σε δαχεῖν. Epist. XXIV, p. 232.

[16]   On trouve souvent dans les Pères les démons comparés à des vers (vermes) Καί οἱ χαχοί χαί δεινοί σχώληχεϛ, ἅ ἐστι τά πνεύματα τῆϛ πονηρίαϛ, dit Saint Macaire, Homilia, I, part. V, De visione Ezechiel.

[17]   On lit à ce sujet dans la Légende dorée (vieille traduction française) : « On a coustume en aucunes églises, et mesme en celle de France, que l'on porte devant la croix, en procession, un dragon à longue queue, pleine et enflée les deux premiers jours, et au tiers jour, elle est toute vuyde et plate, et est portée ce jour après la croix ». Cf. aussi Durand, Rational divinorum officiorum, in-f°, 1479, f° 226 recto. « Effigies draconis quæ cum vexillis, in ecclesiasticis processionibus delerri solet, qua vel diabolus ipse, vel hæresis designatur, de quibus triumphat ecclesia. Diabolus enim, ut aït S. Augustinus (Hom. XXXVI), in scripturis sanctis, leo et draco est, leo propter impetum, draco propter insidias». Du Cange, Glossarium ad scriptores mediæ et infimæ latinitatis. — A Tarascon, à Metz, à Rouen, à Provins, à Paris, on portait de semblables images. La cathédrale de Poitiers avait aussi un dragon, appelé la Grand'Gueule, et l'abbaye de Fleury en faisait aussi porter un dans les processions. Cf. F. Bourquelot, Histoire de Provins, et Floquet, Histoire du privilège de saint Romain, t. I, p. 42 et ss. Dans diverses processions populaires de la France, on représentait la Vierge foulant aux pieds le serpent, v. Mme Clément, Histoire des Fêtes civiles et religieuses du département du Nord, p. 264, in-8°, 1834. Dans certaines villes de l'Albigeois et du Quercy, on portait en procession une espèce de sirène. Cela rappelle l'usage de certains artistes de donner une tête de femme au serpent tentateur, dans l'épisode de la chute d'Adam. C'est ainsi qu'il est représenté dans certaines Bibles historiées ; ce qui rappelle ce passage de Pierre Comestor : « Elegit etiam Lucifer quoddam genus Serpentum, ut aït Beda, virgineum vultum habens, quia similia similibus applaudunt et movit ad loquendum linguam ejus, tamen nescientis, sicut et per fanaticos et energumenos loquitur nescientes». Comp. la « Tarasque» à Tarascon et la légende du «Graouilli» à Metz.

bres, on plaça un serpent expirant aux pieds de la statue de ces personnages[18], de même que par une allégorie indiquée en termes formels dans la Bible, on peignit la Vierge Marie écrasant le serpent tentateur[19]. Plus tard, quand l'usage eut prévalu de donner à chaque démon une figure particulière[20], pour laquelle l'imagination s'épuisait en figures hideuses et terribles, ce fut l'enfer tout entier qu'on représenta par un dragon, dont le plus souvent on ne peignait que

---

[18] Sur le tombeau d'un évêque, rapporté dans le Antiquità d'Aquileja de Bertoli, p. 325, on voit ce prélat représenté les pieds sur un dragon, qui relève la tête, et dans la gueule duquel le prélat enfonce son bâton pastoral. Ces représentations donnèrent sans doute l'idée de ces crosses d'évêque, que l'on fabriquait au moyen âge, et qui figuraient des serpents enroulés. Cf. Langlois, Essai sur l'Abbaye de Saint-Wandrille, p. 70, note. L'évêque Everard de Fouilloy est représenté foulant aux pieds un dragon. Gilbert, Description de la cathédrale d'Amiens, p. 135. Henri Sanglier, archevêque de Sens, est pareillement représenté. Willemin, Monuments des Arts du Moyen Age. 5ᵉ liv. — On peut voir un grand nombre de statues ou de figures sculptées en creux sur les tombeaux, et qui représentent des évêques foulant aux pieds des serpents, dans l'ouvrage de C.A. Stothard, intitulé : The Monumental Effigies of Great-Britain, 1817, in-4°. Au reste, ces représentations remontent bien haut dans le christianisme, puisque Eusèbe rapporte que Constantin avait fait peindre dans le vestibule de son palais un tableau, dans lequel il paraissait, la croix au-dessus de la tête, comme signe de salut, et ayant à ses pieds le dragon, emblème du démon, qu'il précipitait dans les flots, du bout de sa lance : « Τῇ γραφῇ παραδοὺς τὸν δὲ ἐχθρὸν χαί πολέμιον, θήρα, τὸν τὴν ἐχχλησίαν του θεού διὰ τῆς των ἀθέων πολιορχήσαντα τυαννίδος, χατὰ βυθού φερόμενον ποιήσας ἐν δράχοντος μορφῇ. » Eusèbe, De vita Constantini. éd. Heinichen, Lipsiæ, 1830, in-8°, p. 150. Dans les médailles de Valentinien le Jeune, de Libius Sévère, d'Héraclius et d'autres, on voit le dragon gisant aux pieds de ces empereurs. Rasche, Lexicon rei numariæ, t. II, pl. II, p. 454.

[19] Par la suite, l'artiste substitua plusieurs fois au dragon, foulé aux pieds, le démon en personne, placé dans la même attitude, ainsi qu'on pouvait le voir à Saint-Germain-l'Auxerrois, à Paris, pour les statues de Childebert et d'Ultrogothe. Plusieurs passages des livres saints rappellent cette figure : « Deus autem pacis conterat Satanam sub pedibus vestris velociter », dit saint Paul, Épître aux Romains XVI, 20.

[20] La plus ancienne représentation que l'on connaisse du diable, sous forme humaine, se trouve sur un diptyque d'ivoire qui recouvre le manuscrit appelé Évangéliaire de Charles le Chauve. Cf. Trésor de numismatique et de glyptique, bas-reliefs et monuments, pl. XX. On y voit, aux pieds du Christ, l'esprit de ténèbres tournant, en rugissant, sa tête contre le Dieu-Homme. Son front est armé de cornes, sous son bras on remarque, en guise de sceptre, une espèce de houlette ; d'une main il dirige un serpent qui s'enroule autour de son corps, de l'autre il tient un vase d'où s'échappe un poison noir dont la terre est couverte. Ce ne fut guère qu'à partir du XIIIᵉ siècle que le démon revêtit cette forme hideuse que les artistes lui attribuèrent par la suite. Dans les premières représentations humaines qui en furent données, on se borna à imprimer à sa figure un caractère cruel et à hérisser ses cheveux sur sa tête. Voyez pour ces représentations Gori, Thesaurus veterum diptycorum, t. III, tab. XXXII, Missel de Worms, Manuscrit du Xᵉ siècle de la Bibliothèque de l'Arsenal, un Manuscrit de la Bibliothèque royale, in-4°, n. 75 ; enfin d'Agincourt, Peintures, pl. 42.

l'énorme gueule[21], sorte de gouffre béant et enflammé[22] où venaient s'engloutir les malheureux damnés[23] et d'où l'on voyait Jésus ressuscité tirer les justes qui

---

[21] C'est ce qu'on voit dans presque tous les bas-reliefs des églises qui représentent le Jugement dernier, et dans les miniatures des manuscrits. Dans des mystères qui furent joués à Metz, en 1437, on figura de même l'enfer, par la gueule d'un dragon avec deux gros yeux d'acier. Histoire du Théâtre français, p. 2 du t. IV des Mélanges de littérature de Suard. — Il est assez curieux qu'au XIXe siècle, dans un pays aussi éclairé que l'Union Américaine, on retrouve la trace encore vivante de cet usage du moyen âge. Le Musée de Cincinnati, dit M. Michel Chevalier, possède une représentation de l'enfer où les jeunes filles vont chercher des émotions que leur refuse une existence confortable et paisible, mais froide et monotone. On les y fait assister aux contorsions et aux cris des damnés à ressorts. On leur y montre un gigantesque serpent de papier qui se replie et se déroule tantôt avec une majestueuse lenteur, tantôt avec une impétuosité menaçante. Lettres sur l'Amérique du Nord, t. I, lettre 29. Par une idée toute semblable, les Scandinaves figuraient, par une vaste gueule ouverte, le gouffre béant et immense que le géant Ymir, personnification de l'Océan primordial, né des glaces du Niffleheim, devait remplir.

[22] On lit dans Tondalus, rime mystique du XIIe siècle, la description du monde infernal : «Tandis que Tondalus s'efforçait d'avancer sur cette route difficile, il vit de loin un monstre horrible et énorme. Il était plus haut que les montagnes, ses yeux étaient comme des collines enflammées, sa gueule pouvait contenir 9,000 hommes armés, ses dents, semblables à des colonnes, formaient comme deux routes immenses, et des flammes sortaient constamment de son gosier. Deux géants, l'un la tête en bas, l'autre debout sur ses pieds, le divisaient en deux parties et ressemblaient aux deux portes de l'abîme. Les âmes damnées étaient forcées d'entrer dans ce gouffre, qui exhalait une odeur infecte. Le corps retentissait de cris et de gémissements lamentables, car il était rempli de plusieurs milliers d'hommes et de femmes expiant leurs péchés par d'affreux tourments. Devant, se tenait une foule de démons qui poussaient les âmes dans le gouffre, les rouant de coups. Ayant considéré quelque temps ce hideux spectacle, l'âme dit à l'ange : Pourquoi m'as-tu menée si près de ce monstre ? — Nous ne pouvons, dit-il, arriver au but par aucune autre route. Ce monstre, nommé Acherons, dévore tous les avares». Voir Tondalus, poème latin traduit par O. Delpierre, Mons, 1837.

[23] Cette image dut au reste être suggérée par des comparaisons comme celles-ci : «Deglutiamus eum sicut infernus viventem et integrum quasi descendentem in lacum.» Proverbes, c. 1, v. 12. Dilatavit infernus animam suam et aperuit os suum absque ullo termino. Esaïe, V. — L'Enfer avait, de plus, été considéré par les Pères comme une gueule avide, prête à tout dévorer : Πλατύνειν ἐφη τήν ἀδην τό στόμα αὐτοῦ, ωσπερ ἐπί τῶν ζώων ὀσα λάδρως ὑπό πολλής ἐνδείας, etc., dit saint Basile, Commentarius in c. 5 Esaiæ, ap. Opera, t. II, p. 150 (f° 1657). — «Adest bellua, adest imago horrida et crudelis inferni : quod dum fertur avidis faucibus in prophetam, vigorem sui sensit et degustavit auctoris; incurrit namque jejunium, devorando, etc.» S. Petrus Chrysologes, Sermo VII, de Jonæ prophetæ signo. Fulbert de Chartres dans une hymne pascale, disait au Xe siècle : «Quam devoras et improbus, prædam refudit Tartarus. Χριός τήν παμφάγου αὐτοῦ συγχλει σας γαστέρα. Andreas Cretensis, In dormitorium Mariæ, Hom. I. C'est, comme on voit, la même idée que le 'Ατôην ἀρπαχτήρα de Callimaque, Epigr. II, 6, et que l'Orcum rapacem d'Horace. Ode II, 13, 18. A la cathédrale de Nevers, on représente un démon, dont la bouche, démesurément ouverte, engloutit les damnés. Enfin, c'est sous la figure d'un géant à trois faces, dont les bouches sont toujours occupées à dévorer trois traîtres, que Dante nous montre le roi des enfers :

attendaient, dans les lieux bas, l'arrivée du Messie[24]. Néanmoins la forme du serpent ne cessa pas pour cela d'être affectée à certains diables en particulier: ce fut celle sous laquelle apparaissaient fréquemment les puissances infernales, dans les visions, dans les songes, dans les légendes populaires, forme unie souvent à d'autres plus fantastiques et plus extraordinaires. «Dæmones frequenter apparent in figuris bestiarum», dit saint Thomas; et il ajoute: «quæ designent conditiones eorum, ex providentia et permissione Dei: sicut in figura serpentis, cum esset tamen in dæmone decipiendi cupiditas[25]».

Dans l'évangile de l'enfance du Sauveur, nous voyons le diable sous la forme d'un serpent, entourer le corps d'une femme, puis s'enfuir tout à coup, par l'effet de la présence de la Vierge et de l'Enfant divin[26]. Le démon prit la figure d'un serpent pour tenter sainte Émilienne[27]. Dans la vision que sainte Perpétue eut peu de temps avant de souffrir le martyre, elle vit le démon qui, sous la figure d'un dragon effroyable, cherchait à la dévorer, au moment où elle allait monter à l'échelle d'or mystérieuse qui joignait la terre au ciel[28]. Saint-Cyprien, évêque

---

Da ogni bocca dirompea co' denti
Un peccatore a guisa di maciulla
Si che tre ne facea, cosi dolenti.
                                    (*Inferno*, XXXIV.)

[24] Cf. Mss. de la Bibliothèque royale, 6829, in-4°; Psalterium, Mss. de la Bibliothèque de l'Arsenal, in-f°, 34, p.40. Cette idée de représenter Jésus entrant dans la gueule du dragon, pour symboliser sa descente aux enfers, avait aussi trait à la légende de Jonas, englouti trois jours dans le corps d'une baleine. Irénée dit à ce sujet (Adv. Hœreses, lib. V, cap. 31): «Tribus drebus conversus est (Christus) ubi erant mortui, quemadmodum propheta ait de eo: Commemoratus est Dominus Sanctorum in loco mortuorum eorum, qui ante dormierunt in terra sepelitionis et descendit ad eos extrahendos et salvandos. Ipse autem Dominus: Quemadmodum Jonas in ventre ceti tres dies et tres noctes mansit, sicut erit et filius hominis in corde terræ. — Si ergo Dominus legem mortis servavit, ut fieret primogenitus a mortuis et commoratus estuque in tertiam diem in inferioribus terræ, postea deinde surgens in carne, ut etiam fixuras clavorum discipulis ostenderet, quomodo non confundantur qui dicunt Inferum quidem esse hunc mundum?»
[25] Summa theologiæ, part. III, quest. I 65, art. 2.
[26] Art. 16. On lit aussi, c.33 du même évangile: «Erat quoque ibi puella quæ a Satana affligebatur; maledictus enim iste forma ingentis draconis sub inde illi apparebat eamque deglutire cupiebat».
[27] Bolland., Acta XIII, maii, p.301.
[28] Acta. S. Felicit. et S. Perpetuæ, ap. Ruinart. Acta martyrum, p.97, n°19. Selon saint Grégoire le Grand, un jeune garçon, nommé Théodore, vit de même, au moment de mourir, le diable qui, sous la forme d'un dragon, voulait le dévorer. Dialogi. lib. II, cap. 35. La vision du dragon tourmentait parfois les mourants, témoin cette anecdote d'un moine hypocrite qui faisait semblant de jeûner et mangeait en secret. Au moment de mourir, il vit un dragon qui l'enroulait des plis de sa queue et lui faisait respirer son haleine: «Quia occulte comedebam. Imo jam draconi datus sum, qui, cauda sua, pedes meos ligans, caput suum in os meum mittens

d'Antioche, raconte les tentatives inutiles de Satan qui, sous la forme d'un dragon, observait une vierge nommée Justine ; mais, au dire de ce prélat, ces dragons diaboliques ne sont que des apparences qui s'évanouissent comme de la fumée[29]. Dans la légende de *Faust*, par Widmann, on représente Astaroth comme ayant la forme d'un serpent[30]. Les dragons et les reptiles figurent à titre d'animaux infernaux, dans presque toutes les conjurations. Plusieurs symbolistes ont pensé que les gargouilles ou figures de dragons, qui servent dans les églises à l'épanchement des eaux pluviales, étaient l'image des démons s'élançant hors de l'église[31].

Une union, si intime dans le langage et même dans les croyances des chrétiens, entre les idées de démons et des serpents, dut, de bonne heure, faire naître chez le peuple de grossières erreurs. Celui-ci confondit naturellement le symbole et l'objet qu'il était destiné à représenter et, de même que l'Égyptien, qui transformait par ignorance le chat, le bœuf, l'épervier, en ces divinités mêmes dont ces

---

spiritum meum ebibit et, his dictis, desperatus expiravit. » Voir Jean Herolt, Promptuarium Argentinæ, 1503. In Supplemento.

[29] Cypriani Antiocheni, *Confessio*, cap. 7, ap. S. Cypriani Carthaginiensis. *Operibus*, p. 416.

[30] Page 282 de la traduction de Palma Cayet, dans la traduction du Faust de Gœthe, par Gérard de Nerval.

[31] Torquato Tasso les fait aussi figurer dans les conjurations de son douzième chant de la Jérusalem :

> Vien sovra i nembi e chi d'un fero drago
> E chi forma d'un irco informe tiene.   (V. 27-28.)

On retrouve également, dans la conjuration des sorcières de Macbeth, tous les reptiles impurs consacrés au démon :

> Round about the cauldron go
> In the poison'd entrails throw
> Toad ....
> Fillet of a fenny snake
> In the cauldron boil and bake
> Eye of newt and toe of frog
> ... And blind-worm's sting
> Lizard's leg ...
> For a charm of powerful trouble.
> (Act. IV, sc. I.)

Dans les romans du moyen-âge, un dragon est donné pour étendard aux Musulmans, comme emblème du démon, dont les chrétiens les regardaient comme les adorateurs :

> De devant sei fait porter sun dragon
> E l'estandart Tervagan et Mahum.
> Et un ymagen Apolin le felun.
> (Chanson de Roland, st. 237, v. 2)

> Le signors d'Aus qui porte le dragon,
> (Rom. de Garin le Loherain, v. 27, 403.)

animaux étaient originairement l'emblème, il ne vit plus dans les serpents que des démons; et les serpents vaincus qui désignaient allégoriquement la défaite de l'esprit du mal, devinrent à ses yeux des serpents véritables.

Une vieille superstition accrédita cette erreur : depuis longtemps les serpents étaient regardés comme des êtres malfaisants dont la naissance avait suivi l'invasion du mal dans le monde et qui expireraient dès que l'âge d'or refleurirait sur la terre[32]. Le christianisme, qui était considéré par les fidèles comme venant ouvrir cette ère de bonheur si impatiemment attendue, devait donc voir figurer parmi ses effets celui d'amener la destruction de ces reptiles[33]. Le Christ lui-même avait annoncé à ses disciples qu'ils pourraient manier les serpents, sans qu'ils éprouvassent aucun mal[34]. Peut-être, en leur adressant ces paroles, avait-il en vue la réalisation des paroles du psaume : « Super aspidem et basiliscum ambulabis; et conculcabis leonem et draconem (Ps. XC, 13) ». Peut-être aussi ces paroles étaient-elles inspirées par la croyance encore subsistante aujourd'hui en Orient,

---

[32]   C'est à cette croyance que fait allusion ce vers de Virgile :
Occidet et serpens et fallax herba venens
Occidet.
(Eglog. IV, v. 24.)
dans cette églogue où le poète annonce le nouvel âge d'or, qui doit présager la naissance de l'enfant mystérieux, cara Deum soboles, dans lequel les chrétiens croyaient reconnaître le Christ.
[33]   Au nombre des dix miracles que le « Pirké-Aboth » dit avoir été opérés constamment par Dieu dans le temple de Jérusalem, il compte celui-ci : « Aucun serpent, aucun scorpion ne blessa jamais personne dans Jérusalem. » V. J. Anspach, Rituel des prières des Israélites, trad. de l'hébreu, Metz, 1843, p. 422. « J'enverrai contre vous des serpents dangereux », dit Jérémie, VIII, 17, « contre lesquels les charmes ne pourront rien. »
[34]   « Serpentes tollent et si mortiferum quid biberint, non eis nocebit. » Marc, XVI, 18. Ecce dedit vobis potestatem calcandi supra serpentes et scorpiones et super omnem virtutem inimici, et nihil vobis nocebit. Luc, X, 19. L'église prononça longtemps ces paroles en parlant du Christ dans une de ces cérémonies : « Cujus audito nomine, serpens mansuescit et draco fugit et sive viperus et rubeta statim torpescit, scorpio extinguitur, regulus vincitur et phalangius nihil noxium operatur et omnia venenalia et adhuc ferocia repentia et animalia noxia tenebrantur. » Martenne, De antiquis ritibus ecclesiæ, lib. III, cap. 9, p. 780. Origène parle des enchanteurs qui, de son temps, maniaient les serpents, Homil. XX, in Josue. Eusèbe constate la même chose. In Psalmum LIII. L'histoire apostolique de saint Mathieu atteste la puissance des apôtres sur les serpents dans le récit suivant. Saint Mathieu rencontra un jour deux magiciens, qui avaient avec eux des serpents armés (galeati) et qui exhalaient un souffle enflammé. L'apôtre les conjura au nom du Christ et les réduisit à l'impuissance : « Et te adjuro, Spiritus, ut cum omni mansuetudine facias cos redire ad locum suum, ita ut nullum contigant, nullum lædant, neque hominem, neque quadrupedem, neque volucrem. Ad hanc vocem, elevantes capita, serpentes cperunt ire alque, apertis portis, egressi sunt publice et omnibus videntibus, nunquam amplius comparuerunt. » (Fabricius, Codices pseudepigraphi, Histor. apost. S. Matthœi, cap. 4.)

qui attribue à certains êtres privilégiés le pouvoir de toucher impunément les reptiles[35]. Quoi qu'il en soit, cette tradition païenne inspira chez les chrétiens nombre de légendes, dans lesquelles se révèle toujours la même idée de destruction du serpent, de pouvoir exercé sur lui pour neutraliser les effets de son venin. L'histoire de la morsure de saint Paul, par une vipère, dans l'île de Malte[36], ne paraît pas avoir eu d'autre but que de confirmer la prédiction évangélique. En Bretagne, les apôtres qui ont prêché la foi sont regardés comme ayant détruit les serpents qui ravageaient la contrée : tels sont saint Cadon[37], saint Maudet et saint Paul de Léon. Dans le pays de Galles, au Ve siècle, sainte Keyna[38], vierge, détruisit les

---

[35] Telle était la vertu que l'on attribuait aux Psylles : « Contra noxium virus muniti incredibili corporum firmitate », dit Solin, cap. 27. Lucain a dit aussi à leur sujet :

> Natura locorum
> Jussit ut immunes misti serpentibus essent.
> (Lib. IX, v. 897.)

On attribuait cette vertu à ceux qui naissaient sous le signe du Serpentaire :

> Oscula horrendis jugunt impune venenis
> (Manilius, v. 385.)

Aujourd'hui encore, les Harvis déploient, au bord du Nil, la même adresse. Voyez un curieux article de M. Th. Pavie sur ces jongleurs (Revue des Deux Mondes, t. XLV, 1849, nouv. série, p. 461). Voyez Léon de Laborde, Commentaire géographique sur l'Exode et les Nombres, p. 22. D'après les observations d'un illustre naturaliste, Geoffroy Saint-Hilaire, leur secret consiste à produire une sorte de catalepsie sur la vipère hajé, en lui appuyant la main sur la tête ; ils la réveillent ensuite, quand il leur plaît, en saisissant sa queue et en la roulant fortement entre leurs mains. Cette manière de rendre ainsi ce reptile raide et immobile explique ce que la Bible a voulu dire, lorsqu'elle a parlé des magiciens de Pharaon qui changeaient leurs verges en serpents. Pour augmenter l'étonnement qu'inspire leurs tours ; tous les bateleurs égyptiens greffent souvent sur la tête des érix, petits serpents fort innocents, des ergots d'oiseaux, et ils les montrent au peuple comme des cérastes, sortes de vipères énormes dont le venin est fort redoutable, et dont ils semblent ainsi n'avoir rien à craindre. En Italie les Marses passaient pour exercer aussi un pouvoir magique sur les serpents. Les serpents pouvaient périr par l'effet de leurs incantations, ainsi que nous le rappelle ce vers qu'Ovide met dans la bouche de Médée :

> Vipereasque rumpo verbis et carmine fauces.
> (Metam., lib. VII, c. 5.)

[36] Act. Apost., XXVIII, v. 3-7.
[37] Saint Cadon vainquit les serpents de Carnak. Observation on dracontia, by Bathurst Deane, ap. Archœologia or Miscellaneous tracts published by the Society of London, vol. XXV, p. 190 et ss., 205 et ss.
[38] A cette légende chrétienne de la destruction des dragons en Bretagne, est venue se rattacher, sans doute, une légende plus ancienne, d'origine celtique, relative à deux dragons mystérieux : « D'après les Triades bretonnes, deux dragons, l'un rouge, l'autre blanc, avaient été emprisonnés secrètement au fond de la terre par un prince illustre, comme un palladium pour l'île de Bretagne contre l'invasion étrangère. Le roi Wortigern ayant donné l'ordre de délivrer les deux

serpents qui ravageaient les environs de Keysharm[39]. Dans la province de Poméranie, près de Lassahn, la tradition rapporte, qu'à l'avènement du christianisme, on chassa du pays des serpents qui vomissaient des flammes[40]. Saint Patrice en Irlande[41], saint Clément à Metz[42], saint Armand à Maestricht[43], saint Saturnin à Bernay[44], étaient regardés comme ayant détruit des serpents qui désolaient les environs de ces différentes villes. Un grand nombre de saints guérirent de morsures de serpents[45]. L'eau bénite[46] et les cloches chassaient les reptiles. Quand les serpents ont sept ans, au dire d'une superstition de la Sologne, il leur pousse des ailes et ils s'envolent à Babylone[47]. Il est aisé de retrouver, au fond de cette dernière tradition, l'idée symbolique qui faisait du serpent l'emblème du démon et de Babylone la personnification de son royaume. Certains saints furent, à l'exemple de saint Paul, mordus impunément par des serpents, comme saint Paterne[48], ou même respectés par eux, comme sainte Christine[49], qu'on avait jetée dans une prison remplie de ces reptiles.

Certains trésors étaient confiés à la garde de dragons ou de serpents; telle est la légende de la Toison d'or. Aujourd'hui encore les mariniers de la mer Noire croient qu'une île, située à l'embouchure du Danube et qu'ils nomment l'île des Serpents, est habitée par un énorme serpent qui garde des trésors et dévore les

---

monstres, la Grande-Bretagne fut bientôt envahie par les Saxons et le roi puni de sa témérité.» Th. de la Villemarqué, Contes populaires des Bretons, Paris, 1842, p. 52.

[39] Cf. Mémoire de M. Bathurst Deane, cité ci-dessus.

[40] Temme, Die Volkssagen von Pommern und Rügen, n° 329. Berlin, 1840, in-8°.

[41] Molanus, Historia sacrarum imaginum, lib. VIII, c. 10, p. 265. Comme Molanus rapporte que l'on était dans l'usage de représenter ce saint foulant aux pieds des serpents, cette tradition pourrait fort bien devoir son origine à la représentation même.

[42] A. du Saussey, Martyrs gallicans, t. II, novembre, p. 924.

[43] Bollandistes, Acta sanctorum, VI, feb., p. 849.

[44] Mémoires de la Société des Antiquaires de Normandie, t. V, p. 475.

[45] Les personnes mordues par un serpent étaient guéries dès qu'elles s'approchaient du tombeau de saint Phocas. Grégoire de Tours, De miraculis, lib. I, c. 99. Saint Vital guérit avec un signe de croix un chrétien qui avait été mordu par un serpent. Bollandistes, Acta IX, mart., p. 26. Saint François de Paul pouvait manier impunément les serpents. Bollandistes, Acta II, april, p. 117. On chassait les serpents par le nom de Jésus. On lit à ce sujet, dans la Vie de Saint Adelelme, c. 2, p. 1058, XXX januar., ap. Bollandistes: «Rustico in prato dormienti in os penetrarat anguis. Ab amicis ad Adelelmum perductus, aquam ab eo benedictam, sibique Jesu nomine invocato præbitam, potat: et continuo anguem sanguine involutum evomuit.»

[46] II G. Grave, Volkssagen der Lausitz, p. 317, n° 269.

[47] Mémoires de l'Académie celtique, t. II, p. 204. Mem. de M. Légier.

[48] Acta sanctorum S. Bened., sæc. II, suppl., t. I, London, 1839, t. I, p. 221.

[49] Giry, 24 juillet, t. II, p. 251.

hommes qui ont la témérité de s'en approcher. Cette île paraît être l'ancienne île de Leucé, consacrée à Achille[50].

Nous avons dit que le peuple prenait pour des serpents véritables les images symboliques du démon. En présence des représentations, dans lesquelles on voyait un dragon écrasé par un prélat ou par une vierge, frappé du bâton pastoral, enchaîné par l'étole, le vulgaire, déjà nourri de cette idée que les saints étaient venus détruire les serpents de la contrée, dut s'imaginer avoir devant les yeux le tableau de quelques-unes des luttes que ces animaux monstrueux avaient livrées contre les saints dont ils voyaient la statue. Suppléant par son imagination à son ignorance du détail des faits qu'il croyait s'être réellement passé, il forgeait aussitôt une légende pour expliquer ce sujet, d'un dragon écrasé par un prélat ou par une vierge, qu'il avait cessé de comprendre. Nées toutes de la même erreur, ces légendes durent offrir entre elles la plus grande analogie. Dans toutes, la similitude des objets représentés dut amener la plus grande similitude dans le récit des faits. Et quoique souvent plusieurs de ces monstres imaginaires aient reçu chacun des noms différents[51], leur histoire est au fond la même. Dans toutes on voit l'animal expirant sous le signe de la croix[52] ou le bâton pastoral[53], traîné ensuite par l'étole de l'évêque ou même par un simple ruban[54], dans la mer et le désert, qui leur sont assignés comme séjour et qui rappellent le sens primitivement symbolique de ce serpent[55]. Il serait bien long et bien fastidieux

---

[50] V. Ed. Spencer, Travels in Circassia, t. I, London, 1839, t. I, p. 221.

[51] A Metz, ce serpent se nommait Graouilli; à Rouen, Gargouille; à Troyes, Chair-Sallé; à Poitiers, Grand'Gueule; à Arles et Tarascon, Tarasque.

[52] Hoc signo diabolus contremiscit qui aurea capitolia non timet; qui contemnit sceptra regalia, Cæsarum purpuras, crucem timet. S. Hieronym. De Nativ., 14. Quid timent dæmones, quid tremunt? Sine dubio crucem Christi, Origen., Homilia IV, in cap. 9, Exod. 12.

[53] Saint Pol de Léon précipita dans la mer, par la vertu de son étole et de son bâton, un dragon qui ravageait l'île de Batz. Fréminville, Antiquités de la Bretagne.

[54] Sainte Marthe traîna le Tarasque, à l'aide de sa seule jarretière. Estrangin, Études sur Arles. Saint Marcel traîna de même, avec son étole, le dragon qui ravageait les environs de Paris. Grégoire de Tours, De gloria confessorum, c. 89. On lit dans la Vie de saint Pavace, évêque du Mans, au sujet du dragon qu'il combattit: « Nihil timens sanctus Pavacius, accepit stolam suam quam super humeros ritu sacerdotali ferebat, cum qua et Domino ministrabat atque sacrificabat, camque injiciens in collum draconis, alligavit eum et adjuratum quasi mortuum jacere in prædicta via fecit. » Bollandistes, Acta XXIV, juill., p. 541.

[55] Telles sont, par exemple, les paroles que l'histoire apostolique de saint Philippe fait adresser par cet apôtre au dragon dont il vient de triompher: « Præcipio tibi, draco, in nomine Domini Jesu Christi, exi de loco isto et vade et morare in loco deserto, ubi non est accessus hominum. » Ap. Fabricius, Codex pseudepigr., t. II, p. 739. Suivant la version adoptée par Albert le Grand, dit M. de Fréminville, saint Efflam, voyant les efforts du roi Arthur contre le dragon inutiles, invoqua le secours du ciel, et aussitôt le dragon montant sur un rocher, se précipita lui-même dans la mer et s'abîma dans les flots. Antiquités des Côtes-du-Nord, p. 10. A Gênes, saint Cyr

d'énumérer les innombrables vies de saints dans lesquelles se rencontre ce mythe ophique, sous des formes à peu près identiques. Ces saints sont presque tous des prélats dont les statues ont été, comme nous l'avons dit, l'occasion de semblables méprises. [56]

---

força semblablement un dragon, qui était caché au fond d'un puits et dont le souffle faisait périr les troupeaux, à se précipiter dans la mer, Millin, Voyage en Savoie et en Piémont, t. II, p. 239. Comp. ce que nous avons dit dans une note précédente, sur le désert considéré comme le séjour du démon. La mer était aussi bien que le désert consacrée à Typhon type primitif de l'esprit mauvais : Λέγοντες τυφῶνα δέ τήν θάλασσαν... τόν άλα Τυφωνος άφρύν χαλουσι, dit Plutarque, de Iside et Osiride, 356, éd. Reiske, p. 435. Voilà pourquoi la mer était regardée comme la demeure de ces dragons. Les croyances relatives à Typhon furent rapportées ensuite au diable par les chrétiens.

[56] Nous ne citerons que les saints, évêques ou abbés les plus célèbres dans la vie desquels on trouve le mythe du dragon : Saint Amand, Legenda aurea, c. 43. — Saint André, Acta S. Andr., c. 21, ap. Fabric., Cod. pseud., t. II, p. 483. Saint Aredius évêque de Gap, Bollandistes, Acta I, maii, p. 110. — Saint Armel, au diocèse de Vannes, Mémoires de l'Académie celtique, t. V, p. 377. — Saint Bertrand, évêque de Comminges, Mémoires de l'Académie celtique, t. IV, p. 818. — Saint Bienheuré de Vendôme, Mémoires de l'Académie celtique, t. V, p. 355. — Saint Cado, Albert le Grand, Vies des Saints de Bretagne éd. Miorcec et Graveran, p. 666. — Saint Clément, évêque de Metz, Giry, Vies des Saints. — Saint Cyr de Gênes, Millin, Voyage en Savoie et en Piémont, t. II, p. 239. — Saint Cyriaque, diacre, Legenda aurea, p. 123. — Saint Derien de Landerneau, voy. Albert le Grand, Vies des Saints de Bretagne, éd. Miorcec et Graveran, p. 37. — Saint Dié, Vicelii Hagiol. pl. XIV. — Saint Donat, évêque d'Eurée, Sozomène, Hist. eccles., lib. VII, c. 26 ; Bollandistes, Acta XX, apr., p. 765. Saint Donat, ermite, Pouqueville, Voyage en Grèce, t. V, p. 269, note. — Saint Didyme. — Saint Efflam, Fréminville, Antiquités de la Bretagne, Côtes-du-Nord, p. 9. — Saint Florentin de Saumur, Bollandistes, Acta XXII, septembre, t. I, p. 117-122. — Saint Front, de Colubry, voyez Charrière, Cloître de Cadouin. — Saint Gratus, Bollandistes, Acta XX, maii, p. 83. — Saint Hilarion, à Epidaure, Pouqueville, Voyage dans la Grèce, t. I, pp. 24-25. — Saint Jean, abbé de Tonnerre, Grégoire, De glor. confess., c. 87. — Saint Jean de Reaume, Bollandistes, Acta XXVIII, januar., p. 856. — Saint Jouin ou saint Joana, Albert le Grand, ouv. cit., p. 47. — Saint Julien du Mans, Moreri, Diction-naire historique, art. Saint-Julien. — Saint Léonard, Rondonnet, Vies des évêques du Mans, p. 908. — Saint Mamilien, voy. Jacobilli da Foligno, Vite de santi beati d'Umbria, t. I, p. 639. — Saint Martial de Bordeaux, Mémoires de l'Académie celtique, t. IV, p. 278. — Saint Méen, abbé de Saint-Florent. Bollandistes, Acta XXI, jun., p. 102. — Saint Mesmin, Giry, 15 décembre, p. 496. — Saint Nicaise, Vicilii Hagiol., 25. — Saint Pavace, Bollandistes, Acta XXIV, jul., p. 541. — Saint Philippe, Acta S. Philippe, c. 2, ap. Fabric., Codex pseud., t. II, p. 739. — Saint Pol de Léon, Bollandistes, Acta XIII, mart., p. 118. — Saint Romain, archevêque de Rouen, Floquet, Histoire du privilège de saint Romain. — Saint Ruphille ou Rofile, évêque de Forli, Bollandistes, Acta du 14 juill., p. 357. — Saint Sabas, Théodoret, Vita S. Juliani, c. 1. — Saint Samson, évêque de Dol, Albert le Grand, Vies des Saints de Bretagne, éd. Miorcec et Graveran, p. 411. — Saint Sylvestre, Giry, Vies des Saints, 31 décembre, Legenda aurea, p. 10. — Saint Tugdual, de Treguier, Fréminville, Antiquités de la Bretagne, Côtes-du-Nord, p. 58 : Albert le Grand, Vies des Saints de Bretagne, éd. Miorcec et Graveran, p. 790. — Saint Veran, archevêque d'Arles, E. Salverte, Mémoires sur les dragons, p. 310. — Saint Vigor, de Bayeux, Mémoires de la Société des Antiquaires de Normandie, art. de M. Lambert, t. V.

Il y a aussi quelques légendes de vierges ou de femmes, telles que celles de sainte Marthe[57], sainte Marguerite[58], sainte Vénerande, sainte Radegonde[59], dans lesquelles on a fait entrer des faits pareils. Enfin, il existe une troisième catégorie de personnages pour la vie desquels les mêmes fables ont été reproduites. Ce sont de pieux guerriers, tels que saint Georges[60], saint Second d'Asti[61], le conte Ay-

---

[57] Cf. Millin, Voyage dans les départements du Midi de la France, t. III, p. 18, Estrangin., Études sur Arles, pp. 189, 226.

[58] Sainte Marguerite triompha d'un dragon qui allait la dévorer. De la tête du monstre, cette vierge tira une escarboucle ou rubis qui rappelle son nom (Margarita). Legenda aurea. Cette fable se rattache à la croyance dont parlent Pline et Solin, que le dragon porte une pierre précieuse dans sa tête. Pline, lib. XXXVII, c. 10 ; Solin, 33 ; S. Isid. Hispal. origin., lib. XVI, c. 13. Voyez Eusèbe Salverte, Mémoires sur les dragons, p. 292 du tome II des Sciences occultes.

[59] Voyez sur l'histoire de sainte Radegonde et du dragon nommé la Grand'Gueule qu'elle combattit. Eusèbe Salverte, Mémoires sur les dragons, p. 317, ap. ouv. cit.

[60] Nous avons vu plus haut que le mythe du dragon était bien antérieur au christianisme. D'anciennes fables païennes qui s'y rattachaient furent rajeunies et transformées par les premiers chrétiens ; de ce nombre est certainement l'histoire de saint Georges. On sait que, d'après la légende, ce fut prêt de Béryte que ce saint combattit ce monstrueux dragon, qui allait dévorer la fille d'un roi du pays. Il est à remarquer que c'est avec le signe de la croix que saint Georges combat le monstre, auquel on devait offrir des victimes humaines, légende qui rappelle celle du Minotaure. Le saint dit à la jeune fille de passer sa ceinture autour du cou du monstre et de le traîner comme une bête très douce et puis il tua le monstre à la vue de tout le peuple. Or, c'est presque la même contrée qui était regardée comme ayant été le théâtre de la délivrance d'Andromède par Persée, fait dans lequel un dragon ou monstre marin joue aussi un grand rôle. En outre, c'était près de Joppé qu'avait été attachée sur un rocher la fille de Céphée ; c'était encore de cette ville que partit, d'après l'Écriture, Jonas, avant d'être avalé par la baleine. Saint Jérôme, auquel ce rapprochement n'avait point échappé, observe que l'on montrait encore de son temps les énormes ossements du monstre, à la fureur duquel avait été exposée Andromède. S. Jérôme epist., 108, Comm. in Jonam, c. 1 ; et Josèphe affirme avoir vu de ses propres yeux la chaîne qui avait jadis attaché l'héroïne. Bell. Juil. t. III, c. 7, n° 3. — Arioste, dans son Roland, en nous montrant le héros délivrant Angélique de l'Orca, qui allait la dévorer, a renouvelé, pour le grand paladin, une fable que l'enthousiasme populaire se plaisait à rapporter à celui-ci (Cf. Orl. Furios., c. 11) et qui se retrouvait encore dans l'histoire orientale de Chederles délivrant une jeune fille exposée à la fureur d'un dragon et se sauvant après avoir bu les eaux d'un fleuve qui l'ont rendu immortel. Noël, Dictionnaire de la Fable, art. Chederles. La légende d'Andromède et de saint Georges a engendré celle du Drachenfels, qui présente, sous forme mythique, le récit de l'introduction du christianisme en Allemagne. D'après cette légende, ladite montagne, sur les bords du Rhin, était habitée par un dragon, auquel le peuple rendait les honneurs divins et immolait des victimes humaines. Une jeune captive chrétienne fut enchaînée sur le rocher et exposée aux fureurs du monstre. Elle s'arma d'un crucifix et le dragon recula épouvanté et se précipita dans le fleuve en poussant des cris affreux. Cette circonstance fit embrasser le christianisme par les païens de la contrée. V. Guichard, Guide du Voyageur sur les bords du Rhin, p. 89.

[61] Saint Second, patron d'Asti, était représenté à cheval, perçant un dragon avec sa lance. Millin, Voyage dans la Savoie et le Piémont, t. I, p. 121.

mon[62], Struth de Winkelried[63], Gozon de Rhodes[64], Raimond de Saint-Sulpice[65]. Il faut également aller chercher l'explication de ces légendes dans la grossièreté de la conception populaire, qui transformait, en combats réels et sensibles, des luttes qui n'avaient été qu'intérieures ou morales et dans lesquelles ces âmes puissantes avaient triomphé des tentations de Satan ; confusion, nous le répétons, dont des images allégoriques étaient, en presque tout temps, l'occasion.

Non seulement les images[66] et les armoiries entretenaient le peuple dans la

---

[62] Cette histoire d'un dragon combattu par le conte Aymon devait son origine au dragon représenté à ses pieds, comme symbole héraldique, sur son tombeau, à Saint-Spire de Corbeil. Millin, Antiquités nationales, t. II, p. 15, n° 22. Par une confusion absolument semblable, le dragon qui était figuré dans l'église d'Oberbiberbach, aux pieds de Hans de Frankestein, sur son tombeau, était regardé par le peuple comme l'image d'un dragon qu'il avait tué. Grimm. Tradit. allem., trad. Theil., t. I, p. 358.

[63] Cf. W. Coxe, Lettres sur la Suisse, trad. Ramond, t. I, p. 160 ; Raoul-Rochette, Lettres écrites sur la Suisse en 1824 et 1825, p. 134.

[64] Suivant une tradition admise par la famille de Caumont, son prénom de Nompar venait d'un de leurs aïeux qui se montra sans égal, sans pair (non par), en donnant la mort à un dragon monstrueux qui désolait les terres de la seigneurie. Cette histoire rappelle celle à laquelle donnèrent naissance le nom de la divinité Nemausus et le crocodile enchaîné à un palmier, qu'Auguste avait assignés pour type à la colonie de Nîmes. Nemausus, nemo ausus (personne n'a osé tenter), était devenu le nom d'un héros qui avait osé combattre un crocodile, dont aucun n'avait encore affronté la férocité. Voyez l'excellent Mémoire de M. Eusèbe Salverte sur les dragons, à la suite du tome II de son livre sur les Sciences occultes, p. 333-335.

[65] Monnier, Du culte des esprits dans la Séquanie, p. 9, note 8, Lons-le-Saunier, 1834, in-12. — La légende d'un dragon qui dévorait les jeunes filles, empruntée à la légende grecque du Minotaure, existe chez une foule de peuples. Le capitaine Abbott l'a retrouvée jusqu'à Hérat. On y raconte qu'un dragon s'étant établi dans une caverne des environs, le roi du pays lui envoya une charmante jeune fille : son frère bien-aimé la rejoignit et la délivra en donnant au monstre comme pâture un gros mouton, rempli de chaux qu'il brûla et le força d'aller se jeter à l'eau. J. Abbott, Narrative of a journey from Herant to Khiva. London, 1843, t. I, pl. 18, p. 239.

[66] Telle était la grossièreté de la manière dont le peuple comprenait la plupart des dogmes chrétiens, qu'il n'y avait pas jusqu'au combat de saint Michel contre les légions rebelles qu'il ne prît à la lettre et qu'il n'expliquât matériellement. Ainsi, l'on montrait au mont Saint-Michel l'épée et le bouclier avec lesquels l'archange avait combattu le dragon. Bruzen de la Martinière, Dictionnaire géographique, art. Mont Saint-Michel. Cette idée grossière, qui attribuait des armes réelles aux esprits célestes, était née sans doute de l'usage où l'on était de représenter, dans le sujet de la défaite de Satan, les anges armés de boucliers et de lances, souvent même d'une armure complète, comme on peut l'observer sur les chapiteaux de l'église de Saint-nectaire (Puy-de-Dôme). Bulletin du comité des Arts et Monuments, p. 15, n° 1 ; dans le Jugement dernier d'Orcagna, au Campo-Santo et dans un tableau de Lelio Orsi, d'Agincourt, Peintures, p. 156. — Milton inspiré par cette croyance populaire, donna aussi une épée à saint Michel :

> With huge two-handed sway
> Brandish'd aloft, the horrid edge came down
> Wide wasting.

(Paradise Lost, book IV, v. 257.)

croyance à l'existence de ces dragons symboliques[67], mais d'autres causes favorisaient encore son erreur : des ossements d'animaux monstrueux, tels que des baleines, des crocodiles, des caïmans, des serpents, suspendus en ex-voto dans les

---

Des expressions figurées incomprises, quoique fréquemment usitées, et dans lesquelles on compare la force que donnent les vertus chrétiennes à une armure réelle, nourrissaient encore ces erreurs. On lit, par exemple, au sujet de saint Pavace allant combattre un dragon qui ravageait les environs du Mans : « Pavacius erat enim indutus lorica justiciæ et galeam salutis gerebat in capite et scutum fidei ante se ponens, gladium Spiritus ac Verbi Divini ferebat in manibus. » Bollandistes. Acta XXIV, julii, p. 254.

[67]   Ubert fut le premier qui remplit dans le milanais les fonctions de délégué aux comtes (comites) du Bas-Empire. Il adopta en conséquence le surnom de vice-comte (visconti), qu'il transmit à ses descendants. Aux lieux où s'élève à Milan la très ancienne église de Saint-Denis, était alors une profonde caverne, séjour d'un dragon toujours affamé et dont le souffle donnait au loin la mort. Ubert combattit le monstre, le tua et voulut que son image figurât dans les armoiries du Visconti. Cette fable devait son origine à la figure héraldique nommée Givre, représentant un dragon dévorant un enfant, qu'Othon, l'un des premiers Visconti, portait dans ses armoiries. Cf. Eus. Salverte, ouv. cit, p. 336. Cf. sur la Givre ou Vouivre, Monnier, Du culte des esprits dans la Séquanie, p. 16 et ss. Le dragon figurait parmi les enseignes militaires des Assyriens ; le vainqueur des Assyriens, Cyrus, le fit adopter aux Perses et aux Mèdes. Georges Caudin, Europ. de officialibus Palat. Const., Feriæ, 117. En France, ces légendes ne paraissent pas dater de bien haut : une des plus anciennes de ce genre, celle de la Tarasque d'Arles, ne remonte guère au-delà du XIIIᵉ siècle, puisque le premier qui en parle est Gervais de Tilbury, écrivain français, chancelier du royaume d'Arles, qui vivait au commencement du XIIᵉ siècle. Bouche. Histoire de Provence, t. I, p. 326. M. Floquet a fait voir, dans son Histoire du privilège de saint Romain, que, quoique ce saint ait vécu au VIIᵉ siècle, cependant on ne trouve l'histoire de la Gargouille mentionnée pour la première fois qu'en 1394, et que ce ne fut plus tard, en 1485, qu'on ajouta de nouveaux détails à cette légende.

églises[68], étaient pris par lui pour les restes de ces monstres[69], que le personnage

[68] Les anciens ignoraient l'usage des collections d'histoire naturelle et ne savaient pas empailler ; ils se bornaient à suspendre dans les temples, et sans leur avoir fait subir de préparation, les objets curieux qu'ils voulaient conserver. Ce fut dans un temple que Pausanias vit ce sanglier qu'on disait être celui de Calydon. Ce fut aussi dans un temple qu'Hannon suspendit les peaux de singes qu'il avait pris sur la côte d'Afrique, et qu'il croyait être des femmes sauvages ; enfin la peau du serpent boa tué par Regulus et la défense d'éléphant du roi Masinissa furent conservées de la même manière. G. Cuvier, *Histoire des sciences naturelles*, t. I, p. 319. Millin vit aussi appendue à la voûte de l'église de Cimiers, dans le comté de Nice, la dépouille d'un caïman qui avait été mis en ex-voto. Millin, *Voyage en Savoie, en Piémont et à Nice*, t. I, p. 124. A l'abbaye Saint-Victor de Marseille, à l'hôpital de Lion et dans une église de Raguse, on montre aux voyageurs des dépouilles de crocodile ; on les regarde comme les restes d'un monstre dont la légende est la même que celles que nous avons citées, et pourtant à Raguse, par exemple, on n'ignore pas que celle qu'on y voit a été apportée d'Égypte par des matelots ragusains. Thévenot vit à Rhodes la côte du prétendu dragon combattu par Gozon et la description qu'il en fait s'applique plus à la tête d'un hippopotame qu'à celle d'un serpent. Pour les crédules habitants de Mons et du Hainaut, la tête d'un crocodile, rapportée sans doute par quelque croisé, est devenue la tête d'un dragon qui, au XII⁰ siècle, ravageait les environs de Wasmes, et dont Gilles, seigneur de Chin, fut le vainqueur. Eusèbe Salverte, *Mémoire sur les dragons*, t. II, p. 331 des *Sciences occultes*. Voyez sur le combat de Gilles et du dragon, la *Chronique du bon chevalier messire Gilles de Chin*, 1837. Gilles est un personnage légendaire qui, sur un avertissement du ciel, va à la croisade, combat un géant. Selon sa légende, telle qu'elle a été publiée par les bibliophiles de Mons, le silence est gardé sur le dragon de Wasmes. M. R. Chalon, dans la préface, tire de ce silence la preuve qu'on aura attribué à ce héros hennuyer le combat symbolique qu'on retrouve dans tant d'armoiries et qui est encore aujourd'hui le blason de la capitale de la Belgique.

[69] C'étaient en général des squelettes ou des peaux de serpents et de crocodiles. Dans les idées populaires, ces deux espèces d'animaux étaient confondues sous le nom générique de dragon ; en sorte que le crocodile était regardé aussi comme une image du démon :

Crocodille signifie diable en ceste vie,

dit Philippe de Thaun, dans son *Bestiarius*, v. 85. Voyez sur Philippe de Thaun ou de Thaon, Delarue, *Essai historique sur les bardes, jongleurs et trouvères*. Le *Bestiarius* a été écrit vers 1125 ou peu après. Peut-être ce qui aura fait croire aussi à l'existence de ces dragons, ce sont quelques ossements de gigantesques ptérodactyles, mégalosaures ou ichtyosaures, comme ceux qui furent découverts dans les schistes calcaires du comté de Pappenheim et dans une caverne à ossements des environs d'Oxford. Les animaux apocryphes doivent souvent leur existence historique à des faits mal observés, mais non pas fabuleux. Voyez un curieux article de la *Revue britannique*, 3⁰ série, t. XV, p. 265 (année 1835), sur ce sujet. En général, les ossements fossiles ont été la source de fables nombreuses et ont fait croire à l'existence de géants, dont une légende ne tardait pas à raconter l'histoire. Les naturalistes s'y sont laissé prendre comme les autres. Garcilaso attribuait à une race de géants qui habitait anciennement le Pérou et qu'avait détruits la foudre, les ossements gigantesques ensevelis dans les sables qui bordent le rio Vermejo. Un anatomiste célèbre, le professeur Félix Plater, prit également pour les ossements d'un géant, dont il estimait la hauteur à dix-huit pieds, ceux qui avaient appartenu au squelette d'un éléphant trouvé près de Lucerne. Trompé par la ressemblance grossière que le calcaneum et l'astragale présentent avec ceux de l'homme, plus chez cet animal que chez les autres ruminants, il fit un dessin du prétendu géant, qui resta exposé longtemps aux regards dans l'Hôtel de Ville, et qui fit adopter un géant pour support des armoiries de Lucerne. G. Cuvier, *Histoire des Sciences naturelles*, t. II,

de la légende avait combattus. La présence de quelque squelette inconnu suffisait pour que la crédulité publique s'imaginât qu'un dragon avait désolé la contrée. Les dragons symboliques portés dans les processions[70] devenaient, aux yeux du vulgaire, l'image de quelques-unes de ces bêtes, dont une histoire forgée après coup racontait minutieusement les affreux ravages[71].

Ne serait-ce pas par une confusion, née aussi de l'idée diabolique que le peuple rattachait sans cesse au serpent, qu'on aura transformé en images de damnés d'anciennes figures, dont l'origine semble être toute égyptienne? Je veux parler de ces figures offrant des femmes tétées, sucées dans leurs parties les plus secrètes par des reptiles, de ces représentations de personnages dévorés par des serpents, qui les enlacent et les déchiquètent. Ce sujet n'est pas rare dans les monuments du moyen âge. Un des chapiteaux de l'église de Saint-Michel, à Pavie, représente

---

p. 43. Le fameux Gayant de Douai, qu'on promène encore dans la procession des géants, avec toute sa famille, doit aussi son origine aux ossements d'un animal monstrueux. Mme Clément, *Histoire des Fêtes civiles et religieuses du département du Nord*, p. 197. C'est sans doute la vue répétée de ces débris gigantesques des espèces animales détruites, pris pour les restes de squelettes de géants, qui aura répandu la croyance que la race humaine allait sans cesse s'abâtardissant et que les ossements de nos ancêtres attestaient une taille plus élevée. Nos enfants, dit Virgile, s'étonneront de la grandeur de nos ossements:

Grandiaque effossis mirabitur ossa sepulcris.

(*Géorgiques*, I.)

On sait d'ailleurs positivement que des erreurs de ce genre furent commises dans l'antiquité. Pausanias rapporte qu'on regardait comme ayant appartenu au squelette d'Ajax, fils de Télémon, que les traditions disaient avoir été d'une taille fort élevée, des rotules qui étaient de la grandeur du disque dont se servaient les athlètes enfants pour le pentathle. Paus., *Attiques*, c. 352. Il est hors de doute que ces ossements appartenaient à quelque espèce fossile.

[70] « Effigies draconis, quæ cum vexillis in ecclesiasticis processionibus deferri solet, qua vel diabolus ipse, vel hæresis designatur, de quibus triumphat Ecclesia. Diabolus enim, ut aït Augustinus (*Homelia* XXXVI), in scripturis sanctis, leo et draco est, leo propter impetum, draco propter insidias. » Du Cange, *Glossar. ad script. med. et inf. latin.*

[71] A Provins, à la procession des Rogations, le sonneur de Saint-Quiriace et celui de Notre-Dame du Val, portaient jadis devant la croix, le premier un dragon ailé, le second une lézarde, garnis tous deux de lilas et de fleurs. D'après la tradition provinoise, ces simulacres étaient portés en mémoire de deux animaux qui ravageaient les environs de Provins. F. Bourquelot, *Histoire de Provins*, t. II, p. 293. — A Paris, le dragon qu'on portait également aux Rogations était regardé comme l'image de celui qu'avait exterminé saint Marcel. Gilbert, *Description de Notre-Dame de Paris*, p. 376. — Le dragon dont, jusqu'en 1723, les chanoines de Saint-Loup, à Troyes, ont porté, à la procession des Rogations, une image en bronze, passait pour l'emblème de la victoire remportée par saint Loup sur l'hérésie des Pélagiens. Grosley, *Éphémérides*, part. III, ch. XCXI, t. I, pp. 222-225. Ici du moins le sens allégorique du serpent s'était conservé. — A Aix, en Provence, la procession des Rogations va déposer sur un rocher, appelé *Rocher du dragon* et voisin d'une chapelle dédiée à saint André, la figure d'un dragon que la tradition dit avoir été tué par ce saint apôtre. Magas, *Encyclop.* t. VI, p. 287, ann. 1812, *Mémoire de M. Fauris de Saint-Vincent*.

une femme tétée par deux serpents; chacun d'eux s'enroule autour des bras et la femme tient une palme à chaque main. Cette église remonte au VIIᵉ siècle[72]. À l'église Sainte-Croix, de Bordeaux, sur l'une des arcades latérales du portail, on voit une femme vêtue d'une guimpe et d'une robe entrouverte. Deux serpents montent, en forme de spirale, le long de son corps. Leurs têtes arrivent jusqu'aux seins, qu'ils paraissent sucer[73]. À l'abbaye de Moissac, on voit la figure d'une femme tétée par des crapauds, sucée dans ses parties naturelles; près d'elle, est un homme de la bouche duquel s'échappe un crapaud et qui porte un diable sur ses épaules[74]. Aux églises de Montmorillon[75], de Saint-Jouin, à Saint-Hilaire de Melle, à Saint-Jacques de Ratisbonne[76], on voit, dans des bas-reliefs, des femmes tétées par des serpents qu'elles tiennent ordinairement par le cou, à la hauteur de leur sein. À l'église Saint-Sauveur, de Dinan, on remarque, sur les bas-reliefs du portail une femme tétée par des crapauds et tourmentée par des serpents; un animal à quatre pattes lui ronge le crâne. Au portail de gauche de la même église, un homme à cornes de bœuf est tiré par deux crocodiles fantastiques. Dans un ancien bâtiment à Beverley, dans le Yorkshire[77], sur un bas-relief qui supporte un

---

[72] Voy. HG. Knight, *The ecclesiastical history of Italy*, London, 1841, vol. I.
[73] Caumont, *Bulletin monumental*, t. I, p. 384.
[74] A. Lenoir, *Histoire des Arts en France*, pl. XXIV, en donnant le bas-relief de Moissac, a fort judicieusement remarqué que ce sujet semble avoir inspiré Cazotte, dans ces vers:

> Sur ses épaules déchirées,
> Les démons frappaient à coups redoublés,
> Les fouets dont leurs mains sont armées
> Sont des serpents les plus envenimés;
> Il veut crier,
> Un crapaud du gosier
> Lui sort avec clameur.
> Hélas, ma bonne, hélas! que j'ai grand'peur.

Le crapaud et la grenouille étaient des animaux consacrés au démon et qui servaient souvent à le personnifier. Saint Jean dit qu'il vit sortir de la gueule du dragon trois esprits impurs semblables à des grenouilles. Dans la mythologie persane, le crapaud, le serpent, la couleuvre étaient regardés comme des créatures d'Ahriman. Les *Kharfestes*, qui déchirent et sont venimeux, étaient des monstres participant à ces trois animaux. Voy. Zend-Avesta, *Boundehesch*, éd. Anquetil-Duperron, t. II, p. 354 et 384. — Apoc. XVI, 13. Milton compare, dans son *Paradis Perdu*, Satan à un crapaud:

> ...Him there found
> Squat like a toad.
> (Livre IV, v. 80.)

[75] De Gaumont, *Bulletin monumental*, t. VI, p. 345 (1840).
[76] Grille de Beuzelin, *Essai historique sur saint Jean de Ratisbonne*, pl. IV et V.
[77] *Specimens of the ancient sculptures and paintings in England*, by Carter, pl. CXI, London, 1834, in-f°.

vieux fronton, on voit un homme tenant à la main deux serpents qui cherchent à le dévorer et touchent à l'extrémité de ses lèvres. Sur un chapiteau de l'abbaye de Tournus, on a représenté un homme accroupi, tenant par le cou deux serpents qu'il approche de sa bouche[78]. Parmi les statues provenant de Notre-Dame de Caillouville, on voit deux torses nus, de sexe différent, accolés de la plus étrange manière ; deux serpents qui traversent leurs chairs, les enlacent de leurs hideux replis, les mordant aux mamelles et aux parties naturelles[79]. A Sainte-Foy de Conques, un bas-relief représente un avare auquel un serpent ronge les yeux[80]. Au porche de l'église de Saint-Nectaire (Puy-de-Dôme), on voit, dans le supplice des réprouvés, un homme que des diables ailés ont enchaîné avec des serpents[81]. Dans les bas-reliefs de Notre-Dame de Paris, l'artiste a représenté une vaste chaudière dans laquelle le démon fait bouillir les damnés ; un énorme serpent s'échappe de la chaudière, de petits crapauds s'élancent dedans[82]. Dans les bas-reliefs qui décorent la chaire de la cathédrale d'Orvieto[83], on voit des damnés tourmentés par des serpents. Au Campo-Santo, Orcagna, dans son jugement dernier, a représenté le supplice des impudiques par des hommes et des femmes, dont d'horribles serpents dévorent le sein et les parties naturelles[84].

Dans les miniatures d'un manuscrit latin exécutées, au XIIe ou XIIIe siècle, par un peintre italien, élève de l'école grecque, on voit une femme tourmentée par des serpents qui l'attaquent par où elle a péché[85]. Jérôme Drexelius, dans son livre intitulé : *De æternitate considerationes*, cite une estampe, dans laquelle on a figuré des réprouvés dévorés par des serpents. Langlois, dans son *Essai sur la Calligraphie*, page 30, reproduit une initiale tirée d'un manuscrit du XIe ou XIIe siècle (Bibliothèque de Rouen), qui représente un démon apode, perché sur des échasses et dont les seins sont tétés par des espèces de lézards-serpents.

N'est-il pas permis de croire que tous ces sujets, variés quant aux détails, mais chez lesquels reparaît toujours la même idée du supplice par les reptiles, ont été inspirés par la représentation typique primitive, telle qu'on la voit à Moissac ou à Montmorillon, dans laquelle le peuple aura cru trouver des damnés en proie au supplice infernal ?

---

[78] Ch. Nodier, Taylor et Cailleux, *Voyage dans l'ancienne France, Franche-Comté*, pl. 21.
[79] H. Langlois, *Essai sur saint Wandrille*, p. 131.
[80] Mérimée, *Notes d'un Voyage en Auvergne*, p. 185.
[81] *Bulletin du Comité des Arts et Monuments*, t. II, n° 1, p. 54.
[82] Laborde. *Monuments de la France*, t. II, pl. CLXVIII.
[83] Cicognara, *Storia della scultura*, t. I, pl. XVII.
[84] Rossi e Lasinio, *Pitture a fresco del Campo Santo di Pisa*, pl. XV.
[85] D'Agincourt, *Peintures*, pl. CIII.

C'était d'ailleurs au moyen âge une opinion généralement reçue chez les chrétiens, qu'une des principales peines de l'enfer consistait à devenir la pâture d'horribles reptiles[86]. On s'imaginait trouver dans une parole d'Esaïe la preuve de cette étrange idée[87]. Une foule de passages de poètes et d'écrivains ne nous laissent d'ailleurs aucun doute sur l'existence de cette croyance.

Dante nous montre au fond de l'enfer les voleurs dévorés par de hideux serpents[88]. On lit dans la vision de Tindal : « E per tolz lors membres autres yssian bestias serpentines qui avaient caps ardens et bex aguzats de fer am losquels squissivan aquelas armas tristas las cos (lesquelles) d'aquelas serpens avian aguilhas tortas aissi coma son moscalhas (hameçons)[89]. » Dans la vision miraculeuse du moine d'Evesham, rapportée par Mathieu Pâris, il est question de damnés déchirés par les dents venimeuses de reptiles monstrueux[90]. On raconte, dans le roman de Guerino el Meschino, le supplice de malheureux damnés, plongés dans les glaces jusqu'aux mamelles, et celui du géant Machabeus, tourmenté avec sa femme, au fond des enfers, par de semblables animaux[91]. Nous lisons dans le Voyage au Purgatoire de saint Patrice : « Là avoit hommes et femmes de divers aages qui se gissaient tous nus trestous estandus à terre, le ventre dessoulz, qui avoient des clous ardens fichiés parmy les mains et parmy les piés. Et y avoit

---

[86]   Cette croyance se fondait sur ces paroles du psalmiste : « Qui confidunt in te non timebunt colubrum tortuosum. » Ps. 101. Elle offre une grande analogie avec celle des Scandinaves, qui plaçaient le grand dragon Nidhoggr, qui suce et déchire les coupables, dans le Nostrandir, partie la plus profonde du Niflheim ou de l'Enfer. Edda Sœmund. *Lexicon mythologicum*, pp. 455, 522. Dans l'enfer hindou, *Patala*, qui a pour roi Yama, un des supplices des damnés consiste à être dévoré par des serpents. Voy. Coleman, *Mythology of the Hindus*, p. 114, pl. XXVIII.

[87]   Vermiseorum non morietur et ignis eorum non extinguetur. Esaïe, c. 66, v. 24. Une hymne de l'église sur le jugement dernier, renferme la phrase : « Et vermes scelerum mordebunt intima cordis », dans laquelle on a fait usage de la même métaphore. Cf, *Hymni ecclesiastici*, éd. A. G. Cassandro, p. 431. Coloniæ, 1556, in-12. Saint Cyrille s'écrie, en parlant de l'enfer : Οτός ἐσν ὁ ἀχοψητος χαί ἰοόλος σχώληξ. *Homilia div.* ap. Opera, t. V, p. 409, éd. Aubert. Dante a dit du diable :
Difendimi, o signor, dallo gran verme.
A Poitiers, le dragon de Sainte Radegonde était appelé, par une expression du même genre, « la bonne sainte vermine ». *Mémoires de la Société royale des Antiquaires de France*, t. I, p. 464.

[88]   Con serpi le mandietro avean legate :
Quelle ficcavan per li ren la coda
E'l capo ed eran dinanzi aggroppate.
(Ch. XXIV)

[89]   *Mémoires de la Société archéologique du Midi*, t. II, Notice sur la vision de Tindal, par le marquis de Castellane.

[90]   *Grande Chronique de Matthieu Pâris*, trad. Huillard-Breholles, t. II, p. 247.

[91]   *Roman de Guerino el Meschino*, anc. trad. ital. de Bottari, c. 77 et 176 (éd. Bibl. roy. , in-4°, Y. 2, 853.

de grands dragons toulz ardents qui se sevient sur eulx et leurs fichoient les dentz tous ardentz dedans la chair, et sembloient qui les voulussent mangier ... Ailleurs, on voyait encore des damnés mordus par des serpents, aux yeux, aux oreilles, au nez[92]. »

L'enfer est peuplé de verminiers et de couleuvres puantes, nous dit la légende de Faust[93].

Dans le tableau de l'enfer que nous trace un chant populaire de la Bretagne, il est dit des damnés que leur peau sera écorchée et leur chair déchirée par les dents des serpents et des démons[94]. Les hallucinations de certains maniaques, qu'on croyait possédés du démon, ont pu entretenir cette croyance. Le Dr Esquirol cite une hystérique qui croyait que le diable, des serpents, des animaux s'introduisaient dans son corps[95].

L'analogie que les différents sujets figurés, dont nous avons parlé ci-dessus, présentent avec les figurines d'Isis, tétées par des crocodiles, et surtout avec les représentations de la terre, Tellus, que l'on voit dans deux manuscrits d'Exultet du musée Barberini, nous confirme dans l'opinion que nous avons émise en commençant, qu'elles sont devenues dans la pensée des artistes ignorants qui les ont reproduites les images d'un des supplices endurés en enfer. En effet, les figures symboliques de la Terre représentées dans les Exultet en question sont précisément le type de celles qu'on observe dans les bas-reliefs de Moissac, de Montmorillon, de Dinan et de tant d'autres lieux. Dans le premier de ces manuscrits, on voit une femme tétée par un serpent et par un autre animal qui sem-

---

[92] Mss. Bibl. roy., in-4°, n° 7588.
[93] *Légende de Faust*, par Widman, trad. franç. de Palma Cayet, p. 277, de la trad. du *Faust* de Gœthe, par M. Gérard. Dans le poème de D. Gonzalo de Berceo, intitulé : *Signos del Judicio*, on lit ces vers, qui font voir aussi que cet auteur regardait les serpents comme les principaux agents du supplice des damnés :

> Comerlos an serpientes et los escorpiones
> Que an amargos dientes, agudos aquijones
> Meterlis an los rostras fasta los corazones
> Nunca abran remedio en ningunas sazones.
>
> (V. 39 et suiv.)

Ap. t. II de la *Coleccion de Poesias Castellanes anteriores al siglo XV*, por D.T.C. Sanchez. On connaît la légende qui rapporte que le corps de Charles Martel était, au fond de son tombeau, rongé par un serpent, en punition de ses impiétés et de ses sacrilèges. Cf. Bollandistes, *Acta IV*, januar., ap. *Vita S. Rigoberti*, c. 4, p. 177. Dans *l'Histoire apostolique de saint Jean*, attribuée à Abdias, on voit qu'un serpent rongeait le corps de Callimaque, qui avait voulu séduire Drusiana, ch. VIII-IX, p. 549.
[94] Th. de la Villemarqué, *Chants populaires de la Bretagne*, t. II, p. 459, 4° édit
[95] *Maladies mentales*, t. I, p. 213.

ble être une biche ; au-dessous est écrit le mot TELLVS[96]. Dans le second, qui date du XIᵉ siècle, on voit cette même femme tétée par deux cerfs. Ces figures de femmes tétées par des reptiles[97], et comme on le voit d'origine païenne, pourraient fort bien avoir été apportées par les Templiers, dont les doctrines orientales et en partie empruntées aux idées gnostiques admettaient de semblables simulacres. Leur célèbre idole de Baphomet n'était sans doute pas autre chose qu'une de ces figures panthées. C'est ce qui est confirmé par l'existence de certaines figurines orientales, offrant une femme le corps entouré d'un serpent, comme on en voit à la bibliothèque de Weimar[98].

Quoi qu'il en soit d'ailleurs de l'origine des représentations, dans lesquelles on voit figurer le serpent comme principal instrument des souffrances éternelles, il est au moins certain que la présence du serpent dans l'enfer se rattachait encore, dans les idées du moyen âge, à l'antique association qui s'est faite dans l'esprit de l'homme entre le reptile et le démon. Le peuple ne séparait pas ces idées d'enfer et de serpent, et cette union intime qui s'opérait dans son esprit donnait tous les jours naissance à de nouvelles fables.

---

[96] D'Agincourt, *Peintures*, pl. XLVI, Isis et la Terre (*Tellus*) étaient comme on sait, la même divinité. Αλλά τάυτας γε όή, τών όνομάτων τή μέν» Ισιδι τό τής γής μεταλαμάνοντες. Plutarque, *De Iside et Osiride*, éd. Reiske, p. 374, 473.

[97] D'Agincourt, *Peintures*, pl. LIII, n° 2.

[98] Cette opinion est, au reste, celle du célèbre orientaliste de Hammer, qui a rapproché ces figurines de Weimar, d'autres analogues du musée Naniano. Cf. *Curiositæten der physischen literarischen historischen Vor-und Mitwelt*, Band II, stück 6 (1812) ; Band IX, stück 2, p. 13, 1821.

LE LION

Le lion s'offre à nous tantôt comme un animal fier, fort avec modération, dominateur des forêts, mais noble dans l'exercice de sa puissance ; tantôt comme un animal féroce et vorace, dont rien n'arrête la fureur et auquel il est difficile de résister.

A ces deux aspects différents, sous lesquels nous considérons le caractère du lion, correspondent les deux sens distincts attachés à l'emploi symbolique de la figure de cet animal. Ou bien le lion est l'emblème de la force, de la puissance de cette vertu appelée *fortitudo divina*, et qui fut celle des martyrs par excellence ; ou bien il est l'image du démon, toujours prêt à saisir le pécheur qu'il guette, comme la bête fauve guette sa proie, et qu'il s'apprête à dévorer au fond des enfers.

Au premier sens métaphorique du mot lion se rapportent plusieurs passages de l'Écriture :

« Judas est un jeune lion : vous vous êtes levé, mon fils, pour ravir la proie. En vous reposant, vous vous êtes couchés comme un lion et comme une lionne ; qui osera le réveiller[99] ? »

« Ne pleurez point, s'écrie l'auteur de l'*Apocalypse*[100], voici le lion de la tribu de Juda, le rejeton de David, qui a obtenu par sa victoire le pouvoir d'ouvrir le livre de vie et de rompre les sept sceaux[101]. »

Le lion était encore l'emblème de la vigilance ; un préjugé populaire voulait qu'il dormît les yeux ouverts[102]. Dans l'antiquité païenne, le lion était aussi l'at-

---

[99] *Genèse*, XLIX, 9.

[100] *Apoc.*, V, 5.

[101] Une fresque de l'église du couvent Philothéos, au mont Athos, représente le sommeil de l'enfant Jésus ; aux pieds de l'enfant est caché un jeune lion. (Didron. *Iconographie*, p. 348.) Cornelius a Lapide a dit : « Allegorice leo significabat Christum ; ipse enim est leo de tribu Juda, qui sua morte devicit mortem, peccatum, draconem et gehennam. » On chantait dans plusieurs églises, le jour de Pâques : « Alleluia ! resurrexit Dominus, resurrexit leo fortis, Christus filius Dei » ; par exemple, à Saint-Martin d'Angers. Voy. Moleon, *Voyage littéraire*, p. 98.

[102] C'est à cette croyance que font allusion ces vers qu'on lit dans le livre des *Emblèmes* d'Alciat :

Est leo sed custos, oculis quia dormit apertis,
Templorum idcirco ponitur ante fores.

Comme emblèmes de la vigilance, on plaçait des statues de lions aux portes des maisons et des églises. Les Égyptiens plaçaient aussi des lions aux portes de leurs temples. Plutarque, *De Iside et Osiride*, 38.

tribut des divinités fortes, de Dourga[103], de Cybèle[104], de Phré[105], d'Hercule[106].
C'est à ce titre d'emblème de la force que cet animal servit à caractériser l'ermite,
le solitaire, celui qui, par une énergie morale extrême, avait remporté sur ses pas-
sions, sur ses penchants corporels, une éclatante victoire. Dans l'Inde, le même
symbole fut en usage : les ermites sont appelés *lions*[107]. L'homme-lion, c'est l'as-
cète qui a identifié l'esprit de vie à l'esprit absolu, qui a réuni le moi particulier,
le *djiva* individuel, le *nara* ou la personne au *para-brahm* universel, au *sinha* ou
au lion[108].

Dans les représentations figurées, le lion a été employé, mais rarement, à titre
d'emblème du Dieu fort, du Christ et des justes. Sur le tympan d'une des portes
du grand portail de l'église de Wechselburg, église qui date du XIIᵉ siècle, on voit
sculpté un lion offrant, en signe de paix, sa patte antérieure à un dragon-griffon.
Ce sujet allégorique, qui fait pendant à l'agneau, symbole du gouvernement
pacifique de Jésus[109], sculpté au-dessus de l'autre porte, est évidemment l'image
de la réconciliation des méchants, personnifiés par le dragon-griffon, avec Dieu,
personnifié par le lion.

Comme animal vorace et féroce, le lion est, l'avons-nous dit, la figure du démon[110]. La Bible fait aussi du roi des forêts la personnification de l'ennemi atta-

---

[103] Creuzer, trad. Guigniaut, t. I, p. 165.
[104] Ed. Jacobi, *Handwœrterbuch der griechischen und rœmischen Mythologie*, t. II, art. RHEA
(Cobourg, 1835).
[105] G. Wilkinson, ouv. cit., 3, 4, p. 169. Nork, *Vorschule der Hieroglyphen*, p. 225.
[106] Ælianus, *Historia animalium*, XII, 7. Clément d'Alexandrie, *Stromates*, V, 17.
[107] Analyse du *Narasinha oupanicha*, par M. le baron d'Eckstein, *Journal asiatique*, 3ᵉ série,
t. II, p. 469.
[108] L. Puttrich, *Denkmate der Baukunst des Mittelalters in Sachsen*, pl. VII, Leipsick, 1836,
in-4°.
[109] L'opposition entre le lion et l'agneau est exprimée dans ce vers explicatif des niellures du
parement d'autel de l'église de Klosternenburg (Autriche) :

> Nos redimens agnus ex Juda fit leo magnus

Voy. J. Arneth, *Das Niello-antipendium in Klosternenburg*, Vienne, 1844, in-8o. Une miniature
de la Bible de Charles le Chauve (Bibliothèque nationale, montre l'agneau divin orné du nimbe
crucifère, en regard d'un livre qui porte un nimbe semblable. C'est le Christ, dans sa plénitude
symbolique, prêt à rompre les sceaux du livre mystérieux de l'avenir. Comp. le vitrail que Suger
avait fait faire pour une fenêtre de l'abbaye de Saint-Denis, à l'Occident, et qui représentait le
lion et l'agneau divins brisant les sept sceaux de l'Apocalypse avec ces vers :

> Qui Deus est magnus librum leo solvit et agnus,
> Agnus sive leo fit caro juncta Deo.

[110] *Tcherny-Bog*, divinité du mal chez les Slaves, était représenté sous la figure d'un lion assis.
Fonvent, *Mythologie grecque, latine et slavonne*, p. 123.

ché à notre perte[111]. Saint Pierre se sert d'une comparaison plus explicite encore : «Sobrii estote et vigilate, quia adversarius vester diabolus, tanquam leo rugiens circuit, quærens quem devoret[112]». Saint Ambroise développe la même idée dans son Hexameron[113], ainsi que saint Jérôme dans son Commentaire sur les Psaumes[114]. Joseph, l'époux de Marie, dans la prière qu'un livre apocryphe, dont la rédaction remonte aux premiers siècles de l'église, place dans sa bouche, s'écrie au moment de mourir : «Neque irruant in me leones, neque prius submergant animan meam fluctus maris ignei[115]», voulant désigner par ces mots l'enfer et le démon[116]. L'Église fit aussi usage d'une comparaison identique, et elle chantait à l'office des morts : «Libera me, Domine, de morte æterna ; in die illa tremenda, de manu diaboli, de pœnis inferni, de profundo lacu, de ore leonis, ne absorbat eas Tartarus[117]». D'ailleurs, les symboles du lion et du serpent étaient intimement liés dans les doctrines orientales[118]. Souvent l'image de ces deux animaux

---

[111] «Susceperunt me, sicut leo paratus ad prædam.» Ps. XVI, 12.

[112] 1ᵉʳ Epist. Petri, V, 8. Cf. *Apocalypse*, XIII, 2.

[113] «Cognosce te, homo, quantus sis et attende tibi, ne quando, laqueis implicatus, diaboli fias præda venantis, ne forte in fauces tetri illius leonis incurras, qui ruit et circuit quærens quem devoret.» *Hexam.*, lib. VI, c. 8. Il est curieux de retrouver absolument la même idée dans les livres bouddhiques. «Démons aux formes terribles qui rôdez comme des ours et des lions dans la vaste forêt, écoutez et soyez attentifs.» Passage de l'*Achtami-Vrata-Vidhana*, rituel du Népal des pratiques Tantrika. *Journal asiatique*, t. VII, 1831, p. 137. Hésiode a aussi comparé Typhon, le type primitif de notre diable, au féroce monarque des forêts :
ΑΛΛΟΤΕ δ'αὖτε λέοντος ἀναιδέα θυμὸν ἔχοντος.
(*Théogonie*, v. 833)

[114] «Sicut catulus leonis, leo diabolus, catulus filius ejus antichristus, vel aliud ; leo diabolus et filii ejus Judæ.» S. Jérôme, in Ps. XVI, 12.

[115] *Historia Joseph fabri lignarii*, c. 13, ap. Thilo, *Codices apocryphi*, t. I, p. 25.

[116] Cette croyance réagissait sur l'esprit des visionnaires et leur faisait voir le diable sous ces formes. Voici, en effet, ce qu'on lit dans la *Vie de la mère Agnès de Jésus, religieuse de Saint Dominique* : «Dieu permit alors à ce maudit ennemi des hommes d'ajouter aux tourments intérieurs des tentations d'autres tourments extérieurs effroyables. Les démons venaient en troupe l'environner ; les uns, sous forme de serpents, qui s'entortillaient autour de ses jambes, les autres sous celle de loups affamés à la gueule béante ; les autres, sous forme de lions en fureur, poussaient des rugissements terribles.» (Le Puy, 1717, 3° édition, p. 248.)

[117] Renaudot, *Collectio liturgiarum orientalium*, t. II, p. 117. On lit aussi dans le *Psautier de la Vierge*, VII, ap. t. VI, Opera. S. Bonavent. : «Conclude ora leonis et dentes ejus.»

[118] La chimère, ce monstre imaginaire de la fable grecque, dont l'origine se rattache sans doute à quelque symbole qu'on ne peut plus aujourd'hui découvrir, était un mélange des formes du dragon ou serpent et de celles du lion :
... μία μὲν χαροποτο λέοντος
«Η ὁέ χψαίρης, ἡ ὁ'ὀφιος χρατεροίο ὁράχοντος.
(Hésiode, *Théogonie*, 321-22)
Dans les doctrines astronomiques des anciens, le lion était la personnification de la stérilité :

était même confondue en un symbole unique, comme on le voit dans les figures gnostiques[119]. On comprend alors que le serpent étant devenu l'emblème du démon, le lion dut recevoir la même destination.

Le lion fut donc, dans la croyance populaire, une des formes particulières attribuées aux démons[120], forme sous laquelle le vulgaire s'imaginait qu'il se rendait parfois visible[121].

L'art qui vit d'images et les multiplie sans cesse s'empara de cette nouvelle représentation du démon et peignit les saints, les évêques foulant aux pieds le féroce animal, comme il les avait offerts foulant le serpent[122]. Parfois même, pour se conformer aux paroles du psaume «super aspidem et basiliscum ambulabis et conculcabis leonem et draconem», l'artiste réunit sous les pieds de la statue du prélat, de l'abbé, ces deux animaux diaboliques[123]. Cette association rappelle celle que l'on voit dans les abraxas[124] et se rattachait peut-être aussi un système d'idées communes entre les chrétiens et les gnostiques.

D'autres fois, ce fut sous l'emblème de la lutte, emblème qui semble avoir dominé toute la symbolique du moyen âge[125], que s'offrait dans les monuments

---

Et stella vesani leonis
Sole diem referente siccos.

(Horatius, lib. III, od. 29.)

Le lion était l'adversaire du verseau (*aquarius*), souvent assimilé au Christ qui verse l'onde de vie: «Aquarius autem adversus leoni est et illo oriente mox occidit.» Macrobe, *In somnum Scipionis*, lib. I, p. 49, Opera. Lugd. Batav., 1628, in-12.

[119] Cf. Matter, *Histoire du gnosticisme*, pl. VI.

[120] Michel Psellus dit en parlant du diable, dans son ouvrage *De Dæmonibus*: «Leonis more fremit, saltat ut pardatis, latrat ut canis», cité par J. Wierus, dans son ouvrage: *De Præstigiis dæmonum et incantationibus*, p. 66. Basileæ, 1583, in-4°. Dans tous les ouvrages du moyen-âge, le démon nous est représenté rugissant après sa proie comme un lion. Lorsque l'on jetait le sel et les cendres dans l'eau bénite, on récitait une prière, dans laquelle étaient ces mots: «Qui inimici rugientis sævitiam superas.» *Archeologia*, 1884, p. 255, Ordo ad benedictionem seu dedicationem basilicarum, ex mss. Bibl. Rothomagi.

[121] Suivant Pierre de Lancre, on voit bien souvent des démons apparaître sous la forme des lions; mais ils disparaissent dès qu'on met un coq devant eux. Cf. sur cette croyance superstitieuse relative à la vertu du coq blanc pour effrayer le lion, saint Ambroise, *Hexameron*, lib. VI, c. 4. Lucretius, *De natura rerum carmen*, c. 4.

[122] A l'église de Saint-Riquier, saint Vulfran, évêque de Sens et patron du Ponthieu, est représenté tenant un lion enchaîné. Saint Riquier est encore représenté ayant un lion à ses pieds. Gilbert, *Description de l'église de Saint-Riquier*, p. 200. Sur une archivolte de l'ancienne église de l'île Barbe, à Lyon, on voit le Christ terrassant un lion avec une croix.

[123] Cf. Stothard, *Monumental effigies of Great Britain*.

[124] Matter, *Histoire du gnosticisme*, atlas, pl. II, fig. VI.

[125] Les combats de Jacob et de l'ange, de David et de Goliath, de Samson et du lion, étaient les types primordiaux de ces sujets caractéristiques: «Vir qui cum Jacob luctam iniit», dit saint Isidore de Séville, «Christi certanem cum populo Israel figuravit». *Allegoriæ in sacras scripturas*,

le combat que Satan livre aux pécheurs qu'il cherche à dévorer. C'est ce qu'on peut voir à Saint-Trophime d'Arles[126], à Saint-Jacques de Ratisbonne[127], à la cathédrale de Worms[128], à l'église de Saint-Gilles[129], à Saint-Michel de Cuxa[130], à la cathédrale d'York[131].

Dans cette dernière église, on a représenté Jésus-Christ ouvrant les portes de l'enfer, sous l'allégorie d'un homme qui ouvre la gueule d'un lion ; derrière ce personnage est une femme qui tient une clé.

Telle était la tendance à reproduire sans cesse cette lutte de l'homme contre le lion, que toutes les représentations, qui offrent un semblable sujet, ont été particulièrement affectionnées par les artistes du moyen âge : telles sont celles de David ou de Samson contre un lion, de Messire Yvains, dit « le chevalier au lion[132] ». Il est à remarquer que les scènes de combat ne se rencontrent guère que sur les chapiteaux de la nef, tandis que dans le chœur on trouve des représenta-

---

n° 30. Opera, éd. Arevallus, t. V. Cette idée, tout orientale, venait de l'Égypte ou de la Perse ; nous la retrouvons dans la lutte d'Antée et d'Hercule. Cf. Sturz, *ad Pherecyd.*, p. 145.

[126] Les pilastres de cette église sont supportés par des lions qui dévorent des damnés. Laborde, *Monuments de la France*, t. II, pl. XII. Ce sujet se voyait aussi aux portes de Saint-Laurent in Verano. Ciampini, *Vetera monumenta*, pl. XVI.

[127] Cf. Popp et Th. Bülau, *L'architecture du moyen âge à Ratisbonne*, pl. IX. On voit dans les bas-reliefs de cette église plusieurs animaux qui s'entre-dévorent et qui rappellent ceux de l'abbaye de Moissac.

[128] Hope, *Histoire de l'architecture*, trad. Baron, pl. XL et XLI.

[129] Laborde, *Monuments de la France*, t. II, pl. XXI.

[130] Sur un des chapiteaux de ce cloître, on voit des hommes dévorés par des lions. *Voyage pittoresque dans l'ancienne France*, Languedoc, t. II, pl. CLXIII.

[131] J. Britton, *The History of the metropolitical church of York*, pl. XX (1819, in-4°).

[132] Ce sujet du chevalier Yvains se trouve sur une ancienne tapisserie citée par M. Jubinal ; on le voit également dans le bas-relief d'un coffre d'ivoire donné par M. Willemin, pl. CXIII, p. 146, et sur une stalle de la cathédrale de Rouen. Langlois, *Stalles de la cathédrale de Rouen*, 6ᵉ stalle. A Saint-Nectaire (Puy-de-Dôme), on remarque, au porche de l'église, des personnages montés sur des lions. *Bulletin du Comité des Arts et des Monuments*, t. II, n° 1, pl. XIV. Ces sujets auraient-ils une origine assyrienne, comme celui d'hommes luttant contre des lions, des griffons, d'animaux s'entre-dévorant, sujets si fréquents dans nos églises du moyen âge ? On ne saurait le décider, mais on est frappé des sujets analogues dans les bas-reliefs et sur les cylindres persépolitains. V. Lajard : *Culte de Vénus*, pl. I, II, III et IV. Dans les églises de Chef-du-Pont et de Sainte-Ergonèfle, on voit des bas-reliefs représentant un personnage, sans doute Samson, déchirant la gueule d'un lion. De Caumont : *Bulletin monumental*, arrondissements de Valogne et Cherbourg. On attribuait à plusieurs saints la destruction de lions, comme on le faisait pour les serpents, ainsi que nous l'avons constaté. C'est ce qu'on peut observer, par exemple, dans la vie de saint Emerius. Bolland., *Act.*, XXVII jan., p. 782. Rien n'est au reste plus commun, dans les églises du moyen âge, que ce sujet d'hommes luttant contre des animaux plus ou moins fantastiques. Cf. dans Carter, pl. XXIV, les chapiteaux de l'église de Rumsey (Hampshire) et les décorations du cintre du portail de Sainte-Marguerite à York, pl. CIV.

tions, plus riantes, de fleurs et de fruits, d'oiseaux faisant leur nid, de troupeaux paissant.

Le peuple confondit dans une même idée grossière le sens de tous ces symboles. Que le lion fût l'emblème de la force morale de l'ermite, du démon vaincu et soumis, que ce fût même un simple ornement héraldique, un de ces animaux qu'un usage fréquent plaçait dans les tombeaux aux pieds de la statue d'un seigneur[133], signe de la puissance et des droits féodaux[134], n'importe, ce fut toujours, aux yeux du vulgaire, l'image d'un lion véritable que l'ermite, le saint, le seigneur avait apprivoisé[135], qu'il s'était attaché par quelque bienfait. On renouvela sans cesse, dans l'impuissance où était l'imagination d'expliquer ce symbole, l'anecdote si connue d'Androclès, comme cela eut lieu dans les légendes de saint Jérôme[136]; de saint Gérasime[137], de saint Siméon[138], de saint Anina le Thauma-

---

[133] Comp. pour de nombreux exemples de lions placés aux pieds des statues, Colman, *Engravings of sepulchral brasses*, 2ᵉ édit., 2 vol. in-fᵒ, et Stothard, *The Monumental effigies of Great Britain*, 2 vol. in-fᵒ, 1817.

[134] Cf. Dupuis-Demportes, *Traité historique et moral du Blason*, t. II, p. 6 (Paris, 1754, in-12).

[135] A Brunswick, on voit un lion, suivant l'usage héraldique, sur le tombeau d'Henri le Lion, au pied de sa statue. Mais la tradition populaire explique la présence de cet animal, en disant que c'est un lion qui allait succomber dans un combat que lui livrait un serpent, lorsque Henri le secourut. Grimm., *Trad. popul. de l'Allemagne*; trad. Theil, t. II, p. 289. De même le lion qui décore le tombeau de Gouffier de Lascours, est regardé comme l'image d'un de ces animaux qui suivaient ce seigneur avec la fidélité d'un chien. Allou, *Description des Monuments des différents âges de la Haute-Vienne*, p. 359. D'après la légende de Gilles, seigneur de Chin, ce dernier ayant rencontré un serpent qui combattait contre un lion, tua le serpent et délivrera le lion, qui s'attacha désormais à sa personne. « Sy en furent moult esbahys, ajoute-t-elle, car ils veirent le lyon pas à pas le sieuir, tant simple et débonnaire, comme le fust ung lévrier. Moult grant semblant d'amour montrait à Messire Gilles, car jamais ne sçavait sy tost monter ou descendre que le lyon ne fust à son estrier. » Ouv. cit., ch. 32, p. 126.

[136] Malgré la légende, plusieurs auteurs ont déjà cherché avec raison une signification symbolique au lion de saint Jérôme. On lit dans l'ouvrage intitulé : « *Sacrarum Vaticanæ Basilicæ crypatrum monumenta, æreis tabulis incisa, a Phil. Laur. Dionysio*, edita a Aug. de Gabrielis (Romæ, 1773, in-fᵒ, p. 71) », au sujet d'un bas-relief donné pl. 28, et représentant saint Jérôme et son lion, bas-relief qui remonte à Calixte II : « Quorsum vero ut hæc quoque lapidea tabula ostendit, ad S. Hieronymi effigiem leo appingi consuevit? Suum in desertis locis (in quibus plerumque belluæ commemorantur) manendi desiderium sanctus ipse doctor tum factis, tum luculentissimis hisce verbis explicavit : Mihi solitudo paradisus, est. Insuper invictum animi ejus robur adversus hæreticos ac perstrepentem in eos tanquam rugitus leonis clamorem nemo unus ignorat. » « Significat leo, dit Molanus, de *Historia imaginum*, lib. III, c. 42, en parlant du lion de saint Jérôme, quod secesserit Hieronymus in vastam Syriæ solitudinem. Leonem Marco tribuit qui evangelium suum a solitudine incipit. » Cf. J.B. Casalii, *De veteribus sacris Christianismi ritibus*, p. I, c. 1, p. 24.

[137] Bollandistes, *Acta sanctorum*, V mart., p. 388.

[138] Boll. Act., XXVI jul., p. 332. Il est impossible de ne pas reconnaître, dans le récit même

turge[139]. On supposa aussi, tantôt que des lions avaient servi de défenseurs, de protecteurs à ceux près desquels on voyait leur image, ce qu'on lit dans la vie de Saint-Jean-Silentiaire[140]; tantôt qu'ils avaient fait retrouver leurs reliques, ce qu'on rapporte des restes de sainte Pélagie[141], de saint Paul, ermite[142], de sainte Marie l'Égyptienne[143]. En un mot, les histoires les plus variées et les plus invraisemblables furent inventées, pour justifier l'image de ces lions symboliques. Des légendes pareilles s'attachèrent aussi à ceux que l'artiste avait offerts, dans les bas-reliefs, dévorant des hommes et des animaux[144], quoique l'excessive fréquence, dans les édifices du moyen âge, de ces sujets d'animaux dévorants ou dévorés eût dû tout de suite faire comprendre au peuple qu'on ne les avait placés que dans une intention allégorique. Mais c'est le propre de l'ignorance de s'en prendre toujours à la forme et d'y chercher la pensée tout entière.

---

du miracle, le sens symbolique du lion que le saint soumit à sa puissance et de ne pas voir la trace de la représentation d'un lion emblématique qui avait donné lieu à la légende. On lit en effet: «In foro palatii *leonem ligatum* conspexit. Cui vir sanctus appropians caput et omnia ejus membra palpando tractavit, deinde in ore illius *Christi fretus virtute*, sanctam dexteram sine metu impressit. Tum leo, suæ feritatis oblitus, sancti viri manum, quasi matris pupillam, lingendo sugebat atque mansuetudine agnum sese præbebat.»

[139] Bollandistes, *Acta sanctorum*, XVII mart., p. 432.
[140] Bollandistes, XIX feb., p. 133.
[141] Bollandistes, IV maii, p. 458.
[142] Bollandistes, X januar, p. 212.
[143] *Legenda aurea*, p. 73.
[144] On voit, par exemple, dans l'église de Rosheim, en Alsace, l'image d'un lion tenant entre ses griffes des êtres humains de petite stature. Un aigle surmonte le faîte de l'église. Le peuple a pris cet aigle pour un corbeau et il raconte au sujet de cette représentation symbolique, qui se trouve ailleurs et notamment à Saint-Trophime d'Arles, qu'un corbeau indiqua l'emplacement de l'église, et que des enfants d'un prince furent, en ces lieux, arrachés à la dent cruelle d'un lion *Bulletin du Comité des Arts et des Monuments*, 8ᵉ num., 1840, p. 247.

LE LOUP ET L'OURS

Le loup et l'ours ont joué le même rôle que le lion dans la symbolique chrétienne et sont devenus, à raison de leur instinct féroce et vorace, des emblèmes secondaires du démon : «Je vous envoie comme des brebis au milieu des loups,» disait le Christ à ses apôtres[145]. Selon Eusèbe[146], Osiris, roi des enfers, sortit de son royaume sous la forme d'un loup. Dans la mythologie scandinave[147], le loup Fenris est le frère du serpent et l'enfant de Loki, le Satan du Nord. La forme d'un loup[148] ou d'un ours[149], suivant les croyances populaires, était une de celles

---

[145] Matth. X, 16, Cf. sur d'autres passages, Matth. VII, 15, Joh. X, 12 ; Sophonie, III, 3.

[146] G. Wilkinson. *Customs and manners of the ancient Egyptians,* t. IV, c. 14, p. 147. «Lupus ferrum non evitat, neque ad fustem non tremiscit ; solum lapidem impendio perhorrescit cujus ictum tam perniciosum sentit, ut qua parte tactus fuerit, computrescat : Diabolus, vorax lupus, nihil humanorum virium metuit ad solum Dei verbum contremiscit.» Arch. Simson, *Hieroglyphica animalium quæ in Scripturis sacris inveniuntur.* Edimburg, 1622, p. 46.

[147] Le loup Fenris ou Fenrir, le frère du serpent Midgard et de la mort, Hela produit les éruptions volcaniques, par les flammes qui s'échappent sa gueule. *Lexicon Mythologicum,* t. III, de *l'Edda sœmundar,* Hins Froda, p. 497. Ce serpent est enchaîné, comme le Satan de l'Apocalypse, jusqu'à la fin du monde, jusqu'au crépuscule des dieux.

[148] Wierius dit, dans sa *Démonologie,* qu'un des principaux démons a la figure d'un loup et la queue d'un serpent. Tout le monde connaît la croyance aux loups-garous. Cette transformation en loup se rattachait à la démonologie ; toutes les métamorphoses de ce genre s'opéraient toujours par un effet du démon. Horst, *Dæmonologie oder Geschichte des Glaubens an Zauberei und dæmonische Wunder,* t. II, p. 217. (Francfort, 1818, in-8°). Les sorciers, ministres du diable, passaient pour avoir la puissance de se changer en loups. Le nom saxon de Bewoulf, le vainqueur de Grendel, mauvais génie d'une nature supérieure à l'humanité, signifie le vainqueur du loup. Dans les *Loups-Ravissants* ou *Doctrinal-Moral* de Robert Gobin (vers 1520), le diable est un archi-loup. Les Anglo-Saxons donnaient au diable le nom de Were-Wolf. Hampson, *Medii œvi Calendarium,* t. I, p. 114. Cf. Leroux de Lincy, *Introduction au livre des Légendes,* p. 187 et 9. Suivant Sprenger, *Mallens maleficorum,* les loups-garous sont de vrais loups possédés du démon. Comp. Parchappe, *Recherches historiques et critiques sur la démonologie et la sorcellerie,* Rouen, 1843.

[149] Un démon apparut à saint Taurin, sous les formes d'un lion et d'un ours. Cf. Le Prévost, *Mémoire sur la Chasse de saint Taurin,* ap. Mém. des antiq. de Normandie, t. V, p. 319. Un choriste de Citeaux s'était légèrement endormi, en chantant les matines ; il se réveilla en sursaut, et aperçut le derrière d'un ours, qui sortait du chœur : c'était le démon. Collin de Plancy, *Dictionn. infernal,* art. Ours. Ce fut aussi sous la forme d'un ours que le diable se montra au moine Armann. Petri Venerabilis, abb. Clunac., *Miracula lib.* I, c. 18. «Quadam die vidi ursum magnum ad me deduci ligatum, ut solent, circa ora, et dictum est mihi Ecce dæmon!» B. Richelmi, Vallis *Revelationes, de insidiis Dæmonum,* c. 49, ap. *Thes. anecdot.,* t. I, part. II, p. 425. Au moyen âge le diable était souvent désigné sous les épithètes *d'hircus, simia, ursus, lupus, canis*

33

sous lesquelles le démon apparaissait aux hommes[150]. Les nombreux bas-reliefs du moyen âge où ces animaux figurent comme emblèmes du démon confirment le fait de l'association des idées d'ours et de loup à celles de Satan et d'enfer. A l'abbaye de Moissac[151], on voit des espèces de loups dévorant des oiseaux; allégorie destinée sans doute à peindre la lutte de l'esprit des ténèbres contre l'homme qu'il cherche à dévorer. Sur les deux vantaux de l'église du Blanc sont sculptés de petits personnages, dont deux sont pris à mi-corps entre les dents d'un loup. Au-dessus de l'arc du portail, à l'abbaye de Saint-Riquier, on voit, au pied de la statue de ce saint, un lion et un loup qui dévorent de jeunes enfants[152]. Dans une peinture ruthénique XIVᵉ siècle, rapportée par d'Agincourt[153], le démon est représenté avec une tête de loup.

L'usage s'introduisit dans l'art de placer, à côté d'un saint, un loup et un ours, emblèmes du démon, dont le saint avait triomphé, qu'il avait réduit en servitude[154]. Le peuple, toujours par l'effet de son ignorance, s'imagina que ces animaux féroces avaient été soumis par la vertu surnaturelle du saint, réduits même à lui servir de bête de somme, comme cela se lit dans les légendes de saint Corbinian[155], de saint Humbert de Marolles[156], de saint Maximin[157], de saint Malo[158], de sainte Austreberte[159], de sainte Gudule et de bien d'autres; fable qui

---

impurus. Augusti, *Denkwürdigkeiten aus der Christlichen. Archeologie*, t. XII, c. 4, part. 2, p. 258. Trithemius, cité par Wierius, *De præstigiis dæmonum* (Basil., 1583, in-4°), dit également: «Cæterum quando ad hanc non invenerint concedentem aeris materiam, apparentem formam sibi indicunt, prout contrarius vel humor vel vapor effingat et sic in forma conspiciuntur plerumque *leonis, lupi, suis, asini. Hippocentauri*, hominis cornuti, etiam caprinis pedibus, quales variis in locis quandoque apparuere.» Dans les prédictions du *Liber Mirabilis*, le diable qui doit désoler le siège apostolique de Trèves, est désigné sous les épithètes de loup et d'ours. *Liber Mirabilis*, c. 14, p. 18 (nouv. edit., Paris, 1831). Cornelius a Lapide dit: Væ illis qui desiderant diem Domini, id est diem mortis ut præsentis vitæ mala evadanr; nam incident in ursum et in terrible judicium Christi et in colubrum et in gehennam.»

[150] Le démon tourmentait saint Albert, ermite, sous la forme de serpents et de loups. Bollandistes, *Acta*, VII jan., p. 404.
[151] Laborde, *Monuments de la France*, t. II, pl. 12.
[152] Gilbert, *Description de l'abbaye de Saint-Riquier*, p. 79.
[153] D'Agincourt, *Histoire de l'Art, Peinture*, pl. CXX.
[154] Cf. *Christliche Kunstsymbolik und Ikonographie*, art. Baer et Wolf.
[155] *Acta*, Bollandistes, VIII sept., c. 3, p. 285. Un ours avait dévoré un cheval qui portait un bagage; le saint lui ordonna de porter le bagage à sa place: «Ipse vero Ansericus fecit, sicut præceperat ei vir Dei et appositam super se saginam ipse ursus quasi domesticus equus, eandem saginam usque ad Romam perduxit; ibique a viro Dei dimissus abiit viam suam.»
[156] Bollandistes, *Acta sanctorum*, XXV mart., p. 562.
[157] *Idem*, XXIX maii, p. 21.
[158] Albert le Grand, *Vies des Saints de Bretagne*, édit. Miorcec et Graveran, p. 715.
[159] Langlois, *Les Énervés de Jumièges*, pl. 2.

une fois inventée fut reproduite ensuite dans d'autres vies, par imitation et par l'effet de l'avidité du légendaire à s'approprier pour son saint toutes les merveilles qu'il rencontrait[160].

L'ours et le loup ont été également autrefois la source de légendes analogues à celles que l'on avait composées sur le lion[161], l'objet de quelques-uns de ces miracles, pour lesquels l'invention populaire n'était jamais en défaut.

---

[160]   Nous ne prétendons pas soutenir qu'une représentation symbolique mal comprise ait été l'origine de toutes ces légendes identiques, nous pensons seulement que primitivement on aura inventé la légende originale qui aura été ensuite reproduite par imitation, dans d'autres vies de saints, et cela dans le but d'expliquer la présence d'un des animaux que nous avons cités, placés par l'artiste comme emblème. On lit dans *l'Histoire ecclésiastique d'Evagre*, lib. VI, c. 7, une histoire qui paraît avoir été le type de toutes celles que nous venons de rapporter. Le solitaire Zosimas allant un jour à Césarée, et menant un âne qui lui portait son bagage, rencontra un lion qui enleva l'âne. Il le suivit dans une forêt qui était proche, et quand le lion eut mangé l'âne, il lui dit: «Je ne saurais plus achever mon voyage, car je ne suis ni assez jeune, ni assez fort pour porter mon bagage. Ainsi si tu veux que je m'en retourne, il faut que tu portes mon bagage et que tu renonces pour un peu de temps à ta férocité naturelle.» Le lion lui témoigna par ses caresses qu'il se soumettait à la volonté du solitaire. Zosimas mis son bagage sur le dos du lion, qui le mena jusqu'à la porte de Césarée.

[161]   Outre les saints que nous avons cités, il y en avait encore plusieurs autres que les peintres représentaient avec des loups et dont quelques-uns avaient dans leurs légendes des faits semblables à ceux que nous avons racontés: tels étaient saint Poppo, saint Bernard de Tironio, saint Vedaste et saint Simpert, *Kunstsymbolik und Ikonographie*, p. 195.

LE CHIEN, L'ÂNE

Le chien et l'âne ont encore figuré au moyen âge, parmi les animaux, emblèmes du diable. Dans l'antiquité, le chien se rattachait déjà au culte d'Hécate. C'était un chien, Cerbère, qui gardait l'entrée des enfers[162]. L'âne, chez les Égyptiens[163], était consacré à Typhon. En général, les anciens regardaient les divinités infernales comme susceptibles de revêtir ses formes.

Les atteintes du démon étaient souvent comparées à des morsures[164] : comparaison qui contribua aussi à faire représenter l'esprit des ténèbres sous la forme d'un animal qui mord. Un grand nombre de traditions rapportaient que Satan s'était montré sous l'apparence d'un chien ; je dis l'apparence, parce que les formes revêtues par lui n'étaient que décevantes. Ils étaient fantastiques et non vivants, ces animaux à l'aide desquels le génie du mal cherchait à porter le trouble dans l'âme du pécheur, afin de s'en rendre plus facilement maître[165].

---

[162] Synesius, évêque de Ptolemaïs, place encore, dans son Hymne IX, le chien à la garde de l'enfer chrétien :

Ἀίδας ὁ παλαιγενής
Καί λαοόρος χύων
Ἀνεχάσσατο βηλοδ

Le souvenir de Cerbère s'était, au reste, conservé pendant le moyen âge. Sur le chapiteau d'une des colonnes de Saint-Martin à Tarascon, on voit trois têtes de chien sortant d'un même corps, qui paraissent désigner Cerbère. *Estrangin, Études sur Arles*, p. 226. La forme du chien est une de celles que revêtent les «djinns» ou démons, d'après la croyance des Arabes. Cf. E. W. Lane, *An account of the manners and customs of the modern Egyptians*, t. I, p. 307. London, 1838, in-18.
[163] G. Wilkinson, *Customs*, etc., t. IV, p. 15. Cf. S. Cyrille, *Commentarius in Esaiam*, lib. 3, ap. Opera, ed. Aubert, t. III, p. 451.
[164] Τόν γάρ νήφοντα οὐδέν βλάπτει ποτέ, dit saint Jean de Chrysostome, en parlant du démon. *Opera*, ed. Montfaucon, t. III, p. 242.
[165] Satan était le grand maître des apparitions trompeuses, l'auteur des visions mensongères qui étonnaient l'homme. C'est un caractère qu'il a emprunté au dieu indien, Civa, le principe destructeur, divinité dont il rappelle au reste plus d'un des traits distinctifs. Lorsque la redoutable troisième personne de la Trimourti cède aux prières de ses adorateurs, les troupes de ses serviteurs (les diables selon les chrétiens, ou serviteurs de Satan) se manifestent sous la forme de chiens, de porcs, de chameaux, d'ours et de chats. Voyez *Saôptika-Parva*, épisode du Mahâbhârata, trad. par Th. Pavie. *Journal asiatique*, novembre 1840, p. 461. Il est fort curieux de retrouver, précisément dans les formes favorites de la divinité indienne, celles sous lesquelles les chrétiens croyaient que le démon se manifestait. C'est parce que Satan était l'auteur des apparences trompeuses, qu'il était le protecteur de la magie ; car la magie, comme dit un proverbe arabe de Meïdani, est «l'art de donner à la fausseté l'apparence de la vérité». En cela encore,

Quelquefois, cependant, c'était dans des animaux véritables que l'esprit infernal fixait momentanément sa demeure[166], choisissant alors de préférence les bêtes immondes ou féroces, telles que celles que nous avons citées. C'est presque toujours sous la forme d'un chien que le démon se communiquait aux sorciers et aux magiciens[167]. On le peignait souvent avec les longues oreilles de ce quadru-

---

le diable au moyen âge se rattachait au principe mauvais de l'Orient, personnification de la matière, source des illusions. Dès les premiers temps de la foi, les fidèles s'imaginaient que les démons obéissent aux invocations sacrilèges des magiciens. Acta S. *Pionii martyr.*, ap. Ruinart. *Acta martyrum sincera.*

[166] Cf. *Manuale exorcistarum ac parochorum* R. P. Cand. Brognoli Bergamensis, pars III, c. 4, art. 8, quæst. 1 : quibus modis animalia bruta a dæmonibus vexentur. Bergame, 1651, in-4°. Cette croyance que les démons peuvent entrer dans le corps des bêtes et les tourmenter, comme l'homme, croyance dont nous trouvons la trace vivante dans le trait de l'Évangile qui raconte que Jésus-Christ envoya les démons dans le corps des pourceaux, a donné naissance, dans le siècle dernier, au système original que le P. Bougeant a exposé dans son livre intitulé : *Amusements philosophiques sur le langage des bêtes*. L'auteur prétend que les animaux sont animés par les démons, autrement dit que les bêtes sont autant de démons revêtus de corps. Le P. Bougeant, qui a soutenu ce paradoxe avec infiniment d'esprit, ne voyait que ce moyen de justifier la bonté infinie du Créateur, qui a donné le jour à une foule d'animaux dont la vie est malheureuse, et dont cependant l'infortune ne peut être compensée par une rémunération future. En supposant que les animaux étaient des démons qui subissaient leur peine dans des corps matériels, cette difficulté était résolue. Toujours par une croyance qui se rattachait à tout ce système de métamorphoses, on pensait au moyen âge qu'un homme pouvait, par un effet magique ou diabolique, être changé en animal ; l'homme, ainsi métamorphosé, s'appelait *lutin* ou *luyton*. Cette idée a sa source dans l'Antiquité, dans la fable des compagnons d'Ulysse, métamorphosés en pourceaux par la baguette de Circé. Cf. Keightley, *The fairy Mythology*, t. 1, p. 65. London, 1833, in-12.

[167] V. dans l'ouvrage intitulé, *A collection of rare and curious tracts relating to witchcraft*, London, 1838, in-8°, les procès de Williford, Cariden et Jeanne Hott, p. 5, et celui de Marguerite et Philippe Flower, p. 10. Ces infortunés avouent que le démon leur est apparu sous forme d'un chien. Dans sa déposition, Collette du Mont, une des femmes jugées pour sorcellerie à Guernesey (1617), déclara que le diable lui apparaissait tantôt sous forme d'un chat, tantôt d'un chien. V. Redstone, *Guernsey and Jersey guide*, 1843, in-18°. On sait que c'est sous cette forme, que l'immortel Gœthe introduit Méphistophélès, dans son *Faust*. On croyait que les magiciens se faisaient accompagner du démon, sous la forme de cet animal domestique. Leloyer, *Des Spectres ou Apparitions*, part. 1, p. 25. Dans l'histoire apocryphe de saint Pierre, il est question de diables se montrant sous la forme de chiens. *Histoire apostolique de S. Pierre*, c. 13, ap. Fabricii Codices pseudep. t. II, p. 435. Cf. aussi *Evang. inf. Salvat.* c. 5, ap. Thil. Cod. apoc. Le diable parlait à Simon le magicien sous la forme d'un chien. Naudé, *Apologie des hommes accusés de magie*, c. 26. Léon, évêque de Chypre, écrit que le diable sortit un jour d'un possédé sous la figure d'un chien noir. Si l'on en croit Bodin, il y avait dans un couvent un chien noir qui levait les robes des religieuses pour en abuser. Les pères directeurs finirent par découvrir que c'était un démon. *Démonomanie des sorciers*, liv. III, c. 6. Des gens crédules assuraient que le diable, en forme de chien noir, entraînait les passants dans la rivière de Quimper pour les y noyer. Cambry, *Voyage dans le Finistère*, t. III, p. 12. Cf. *Dictionnaire infernal*, de Collin de Plancy, art. CHIEN. On croit encore dans le Brandebourg que le diable apparaît sous la forme

pède, même avec sa tête et sa queue[168]. Le symbolisme de ces animaux explique pourquoi nous les voyons figurer tant de fois dans les légendes, soit comme agents du démon, soit comme serviteurs soumis et dociles, emblèmes de l'ennemi subjugué.

---

d'un chien noir aux prunelles ardentes comme du feu et qu'il se tient dans les lieux où sont cachés des trésors. V. A. Khun, *Mærkirche Sagen und Mærchen*, Berlin, 1843, in-8o.

[168]   Dans une apparition du diable au moine convers Adam, de l'ordre de Cîteaux, l'esprit infernal se fit voir à lui sous la forme d'un âne. Gr. *Chronique de Saint-Denis*, t. V, c. 51, p. 159, éd. P. Paris. Dans un bas-relief de l'église Sainte-Croix de Saint-Lô, église dont les dernières constructions remontent au XIᵉ siècle, on voit le diable ayant une queue courte, une tête d'âne et faisant rôtir les damnés qu'il retourne avec une pioche. Cotman's, *Achitectural antiquities of Normandy*, t. II, pl. LXXXVIII. Il peut, au reste, y avoir dans le démon aux grandes oreilles un souvenir du Mercure Wodan, représenté avec des oreilles semblables. Cf. Baulieu, *Recherches archéologiques et historiques sur le comté de Daschbourg*, auj. *Dabo*, pl. V, (1836, in-8°). Raoul Glaber décrivant, lib. V, c. 1, le diable tel qu'il lui apparut dans une vision, lui donne des oreilles droites et pointues qui rappellent celle de l'âne et aussi celles des satyres, qui faisaient dire à Horace :

.....................et aures
Capripedum satyrorum acutas.
                              Lib. II, od. 19.

Il résulte même des paroles de Cassien, que les solitaires prirent quelquefois des singes pour des démons, à raison de l'excessive ressemblance que ces animaux présentent avec les satyres, et par conséquent avec les diables. On sait, dit cet écrivain, que quelques-uns d'eux, que le peuple appelle des faunes, sont tellement bouffons, que, sans faire aucun mal aux personnes qui passent dans les lieux et dans les chemins qu'ils assiègent, ils ne se plaisent qu'à leur faire mille singeries, à les tromper par quelques tours de passe-passe, à se rire d'eux et à se divertir de leur peur, et à courir après eux plutôt pour les effrayer que pour leur nuire. Il en est d'autres qui se contentent d'inquiéter les hommes durant les nuits sans leur faire d'autre mal. D'autres sont si furieux et si cruels que, ne se contentant pas de déchirer ceux qu'ils possèdent, ils se ruent encore sur ceux qui passent et tâchent de leur faire les dernières violences. *Conférence 7*, 182.

LE PORC

Le porc, animal impur, frappé de réprobation par les Juifs[169] et les Égyptiens[170] ; le porc, dans le corps duquel l'Évangile[171] nous montre le démon allant chercher un refuge au sortir du corps du possédé, devait naturellement devenir un symbole du diable[172]. Il fut particulièrement destiné à représenter le démon de la gourmandise, de la volupté et des plaisirs immondes[173] ; de là, la croyance populaire que l'esprit tentateur grogne comme un porc[174] et se montre sous cette réforme dans ses effrayantes apparitions[175]. Le porc, placé aux pieds d'un saint,

---

[169] Lévitiq. XI, 7.

[170] Hérodot, lib. II, c. 120. G. Wilkinson, *Customs*, etc., t. VI, p. 181.

[171] Matth. VIII, 30 et ss.

[172] On rencontre souvent le cochon, comme emblème du diable, sur les bas-reliefs qui décorent les chapiteaux des églises romaines. J'ai vu cette année (1842) à l'église en ruines de l'île Iona, dans les Hébrides, des hommes luttant contre des cochons, sculptés sur des chapiteaux, sujet qui semble représenter allégoriquement la lutte du pécheur contre le Tentateur. Chez les Orientaux le démon est aussi désigné par le nom de porc. « Plus inconsidéré que le démon », dit un proverbe arabe de Meïdani. Et Ebn-Alahrabius nous apprend que le mot Afr employé pour signifier le démon, veut aussi dire porc. Cf. *Arabum Proverbia*, edit. G.W. Freytag, t. II, p. 49. Bonn, 1839, in-8°.

[173] Et vitam quidem voluptuariam porcorum esse D. Chrysostomus diserte tradit : Necnon S. Nilus in opere de octo vitiis, cum de gula : Obesus belluo, inquit, porcus est ad cædem paratus. Præiverantque Novatianus et Clemens Alexandrinus atque Lactantius, inquirentes quorsum Deus suem Judæis edulem esse prohibiret : «Cum lex, inquit Novatianus, suem cibo prohibet assumi, reprehendit utique cœnosam et luteam et gaudentem vitiorum sordibus vitam, bonum suum non in animi generositate, sed in sola carne ponentem.» Clemens vero in eamdem sententiam disserens ait idcirco vetitum fuisse porco vesci : «Nam porcus, quod est animal voluptati deditum et immundum, ciborum cupiditatem et salacem in se venerea libidinem adinquinatam significat intemperantiam, materialemque et in luteo jacentem et quæ ad cædem pinguescit et interitum.» R. P. Th. Raynaud, *In symbolicas S. Antonii magni imagines Commentarius*, p. 32, in-4°, 1659. Anima idolatrorum, quæ venit a spiritu immundo, vocatur porcus, *Jalkut Rubeni*, 10, 2 (cité dans Wetstein).

[174] Dans les *Dialogues* de saint Grégoire le Grand, lib. III, c. 4, on lit que «le diable rugit comme un lion, brait comme un âne, siffle comme un serpent et gronde comme un pourceau.» Le diable, dit Luther, se montre sous la forme d'un chien et grogne comme un porc. *Mémoires*, trad. Michelet, t. III, p. 189.

[175] Saint Jean Chrysostôme dit dans le «*De Providentia ad Stagyrum monachum*», le diable qui occupait par intervalles le corps du religieux Stagyrus, paraissait sous la forme d'un pourceau couvert d'ordures. Sur un des bas-reliefs de la châsse de saint Taurin, qui représente les trois formes que prit Satan pour chercher à faire rebrousser chemin au saint évêque avant son arrivée à Évreux, l'artiste a substitué un pourceau à un ours : preuve que ces deux formes étaient

signifie donc le démon et les voluptés vaincues, asservies[176], voilà pourquoi on le donna pour attribut à saint Antoine[177]. Cette clochette même, attachée au cou de l'animal, servait à désigner plus clairement son esclavage[178]. Tout ce sens symbolique fut promptement oublié. Le peuple ne vit plus, dans le cochon de saint Antoine, qu'un animal que le saint s'était attaché par un bienfait.

---

regardées comme pouvant être également prises par le démon. Mémoire de M. A. Le Prévost, *Antiquités de Normandie*, t. V, p. 349. On lit dans les *Dialogues de saint Grégoire*, lib. III, qu'une religieuse guérit un possédé et envoya le démon dans le corps d'un pourceau. Cette légende est empruntée à l'Évangile, toujours d'après un système d'imitation que nous avons fait connaître dans la première partie de ce livre.

[176] « Sus ad pedes sancti Antonii denotat sensuales voluptates quas ille conculcaverat. » J.B. Casalii, *De Veteribus Sacris Christianorum ritibus*.

[177] Protrita hujus symboli notione sic discussa, occurrit quod ait Molanus, appingi beato Antonio porcum sub ejus jacentem ut significetur subactus ab eo viriliter dæmon. Nam esse porcum genuimam dæmonis imaginem, neminem latet. Th. Raynaud, *In symbolicas Antonii imagines*. p. 24.

[178] C'était pour exprimer la même idée, que l'on représentait saint Théodore ayant à ses pieds un démon qui portait une cloche. La tradition rapportait que ce saint avait contraint le démon à porter une cloche de grand poids que lui avait donnée le pape Léon. *Christliche Kunstsymbolik und Ikonographie*, p. 74.

Le Cerf et la Licorne

Le cerf a joué aussi un grand rôle dans les légendes du moyen âge. Cet animal était regardé comme étant doué d'une certaine vertu prophétique et, dans maintes et maintes circonstances, nous le voyons indiquer l'existence de reliques demeurées ensevelies dans un lieu inconnu, révéler la présence de certains objets que les hommes s'étaient efforcés vainement de découvrir, ou amener un païen, un pécheur, en quelque occurrence qui devait déterminer sa conversion.

Dans une légende d'une bible du XIIIe siècle, citée par Leroux de Lincy[179], on raconte qu'un cerf apportait la nourriture à sainte Anne, enfant. L'empereur Fanouel aperçut à la chasse cet animal qu'il poursuivit. Le cerf alla se réfugier sur le sein de la jeune fille, qui reconnut Fanouel pour son père[180]. Tout le monde a lu la célèbre aventure de Geneviève de Brabant, dont une biche découvrit la retraite dans la forêt. Cet animal s'était élancé vers l'épouse infortunée de Sigefroi, lorsque celle-ci sentant son lait se tarir dans ses mamelles, invoquait, à la vue de son jeune enfant pleurant de faim, le secours de la Vierge[181]. L'histoire de saint Ivan, nourri par une biche, rappelle en beaucoup de points celle de Geneviève[182]. Une biche fit découvrir miraculeusement la retraite de saint Gilles aux officiers du roi Wamba ou Flavien[183]. Un cerf indiqua au duc Ansegise l'emplacement où devait être fondée l'abbaye de Fécamp[184], en traçant dans sa course un cercle autour d'un arbre. Un cerf découvrit à Dagobert le lieu où reposaient les reliques de saint Denis[185]. En Hibernie, nous voyons le même animal faire connaître l'endroit où était caché le corps de saint Kellac[186].

Saint Bracchion, mais dans la Thuringe, fut d'abord esclave de Sigivald, duc d'Auvergne, qui l'employait souvent à la chasse. Un jour, le jeune Thuringien

---

[179] Leroux de Lincy, *Introduction au livre des légendes*, p. 27.
[180] Dans cette légende, on a attribué au cerf la propriété de la licorne dont nous parlerons plus bas. C'est une preuve de la confusion qui s'est au moyen âge constamment opérée, comme nous le verrons, entre ces deux animaux.
[181] Freher, *Origines Palatinæ*, pars II, p. 38-39, 1612.
[182] Bollandistes, *Acta Sanctorum*, XXIV jun., p. 824.
[183] *Histoire de saint Saturnin*, par l'abbé A.S., p. 135.
[184] Poème sur le Précieux Sang, p. 153, ap. Leroux de Lincy, *Essai historique et littéraire sur l'abbaye de Fécamp*, et p. 66 de cet ouvrage.
[185] Aimoin, *Gesta Francorum*, IV, 17 ; Grandes Chroniques de Saint-Denis, liv. V, c. 2.
[186] Bollandistes, *Acta Sanctorum*, I maii, p. 107.

poursuivait un cerf dans la forêt de Pionsat ; la bête se retira dans la cellule d'un ermite nommé Émilien, sans que les chiens osassent l'y forcer. Le chasseur, surpris de ce spectacle, s'avança et se trouva en face du vénérable ermite, qui l'exhorta à se consacrer à Dieu. Bracchion fut converti, et alla fonder un monastère dans le bourg de Menat, prés de Riom[187].

Mais ces légendes, qui attribuent au cerf un rôle providentiel et en font un véritable ministre des desseins de Dieu[188], ne sont pas cependant les plus significatives. Il en est encore d'autres où apparaît davantage l'idée religieuse et chrétienne ; je veux parler de ces légendes dans lesquelles on voit des cerfs porter un crucifix entre leurs bois, parler, enseigner la foi et se transformer dans le Christ en personne. Écoutons à ce sujet la *Légende dorée*, dans la Vie de saint Eustache :

« Eustache, qui fut dist Placidas, estoit maistre de la chevalerie de Trajan. Si comme ung jour qu'il estoit allé vener, il trouva une assemblée de cerfs, entre lesquels il en veit ung beau et plus grand que les aultres, qui saillit en la forest déserte. Si se separa ce Placidas de la compaignie des austres chevaliers et des austres nobles hommes qui couroient prez les autres cerfs, mais il fut celuy qui, de tout son pouvoir, se forçait de prendre le grant cerf, et si comme le cerf veit que il le suyvoit de tout son pouvoir, si se mist dessus une roche. Et lors Placidas espioit comment il pourroit estre prins. Et si comme il le regardoit, il veit entre les cornes de celuy cerf la forme d'une croix resplendissante plus que le soleil et l'image de Jésus-Christ qui par la bouche du cerf, ainsi comme jadis par la bouche de l'asne à Baslaam, parlait à celuy disant : « Placidas, pourquoi me poursuistu ? Je suis Jésus-Christ que tu honores ignoramment ; tes aumones sont montées jusqu'à moy au ciel ; pour ce, Placidas, je viens à toy, si que par ce cerf que tu chasses, je te preigne » … Eustache tomba de cheval de frayeur ; Jésus-Christ lui apparut et lui ordonna de se faire baptiser, ce que fit Eustache, qui devint depuis un grand saint[189]. »

---

[187]   Grégoire de Tours, IV, 12.

[188]   Ce rôle du cerf ressort evidemment de ce que la Légende de saint Siméon, ermite, rapporte d'un cerf qui vint miraculeusement apaiser la faim de ce solitaire et de ses compagnons : « Hac igitur oratione completa, illico cervus miræ magnitudinis et formositatis ante ostium cellulæ, nivium molibus inhærens, apparuit ; qui, cervice deflexa, humiliter nisu quo poterat, fratribus se famulari desiderans sese illis in cibum sponte divino nutu præbuit. Qui violenter bestiam, illuc accedere insolitam, mirifica Dei virtute se visitari crediderunt ; ac magnificam ejus clementiam diu percunctando, simul mirari cœperunt. » Bollandistes, *Acta Sanctorum*, XXVI jul., p. 326. Voyez la légende de l'Hirschensprung à Carlsbad. Un cerf aurait indiqué à Charles IV la source des 'Sprudel'.

[189]   *Legenda aurea*, f. 91.

La vie de saint Hubert, évêque de Liège, nous présente une légende tout à fait analogue et que nous rapporterons également :

«Le vendredi saint, Hubert se trouvant engagé dans une partie de chasse, dans la forêt de Brabant, prés de celle des Ardennes, fut poussé, par l'ardeur qu'il mettait à poursuivre le gibier, dans la partie la plus épaisse de la forêt, laissant sa suite derrière lui. Un cerf d'une taille plus élevée que ne l'est ordinairement celle des animaux, lui apparut tout à coup, et au lieu de fuir, s'avança vers lui. Hubert, étonné de ce prodige, s'arrêta stupéfait, considéra le cerf et vit qu'il portait entre ses bois l'image de Jésus-Christ crucifié ; ce qui l'effraya tellement que tous ses sens demeurèrent interdits ; mais aussitôt, la grâce toute puissante le fortifiant, il se jette de dessus son cheval et adore à genoux cette image miraculeuse. À peine eut-il achevé sa prière, que le cerf lui adressa ces paroles : «O Hubert, Hubert, jusqu'à quand poursuivrez-vous les bêtes des forêts ? Si vous ne vous convertissez promptement à Dieu, en prenant une résolution d'embrasser une vie meilleure, vous serez sans remise précipité dans les enfers.» À ces paroles, Hubert, imitant l'exemple de saint Paul, se convertit et s'écria : « Seigneur, que voulez-vous que je fasse ?» -- «Allez, lui dit le cerf en disparaissant, trouver à Maestricht mon serviteur Lambert, qui vous dira ce qu'il faut faire[190].»

Les vies de saint Julien l'Hospitalier[191] et de saint Félix de Valois renferment encore des légendes de cerfs, presque identiques à celles que nous venons de citer ; enfin, des cerfs jouent aussi un grand rôle dans les histoires de saint Rieul[192] et de saint Telo[193].

---

[190] *Histoire abrégée de la vie de saint Hubert, prince du sang de France*, p. 24, Paris, 1678, in-12. C'est cette circonstance qui a fait adopter saint Hubert pour patron des chasseurs. Nous ne pouvons parler de ce saint célèbre, sans dire un mot de la vertu attribuée à son invocation, pour la guérison de la rage. Un fait curieux à noter, c'est que cette guérison ne s'obtenait qu'en imprimant sur la plaie, bien entendu après avoir prié le saint, un stigmate, avec un fer en forme de croix, rougi au feu. On voyait dans ce miracle une preuve éclatante de la vertu de la croix, tandis que, ainsi qu'on le devine tout de suite, cette guérison était due simplement à la cautérisation de la morsure. La forme de la croix donnée au fer rouge était là, pour abuser la crédulité du vulgaire. Que de guérisons miraculeuses ont été opérées de la sorte ! Le remède naturel se cachait sous quelque jonglerie pieuse, dans laquelle l'ignorance voyait la cause d'une cure qui lui paraissait merveilleuse. La médecine, elle-même, participait aussi jadis de cet esprit d'imposture. Que de médicaments simples et puissants furent déguisés à l'aide d'innombrables drogues insipides et inutiles, plutôt propres à en atténuer l'énergie qu'à l'exalter ! Il n'y a pas bien des années qu'on a commencé à dégager le remède actif de l'accessoire, qui en faisait un composé mystérieux aux yeux du vulgaire, et qu'on s'est borné à l'administrer seul et sous son nom véritable.

[191] Giry, 12 février, t. I, p. 443.
[192] Cambry, *Voyage dans le Finistère*, t. I, p. 297.
[193] Ribadeneira, trad. Gautier, 30 mars, p. 127.

Ces légendes ont toutes ensemble une parenté trop étroite pour qu'elles ne tirent pas leur origine d'une idée commune. Il y a ici un fait identique et primordial qui a présidé à la naissance de chacune d'elles et qu'il importe de dégager en quelque sorte, comme l'inconnue des différents problèmes dans lesquels il entre comme racine. Et d'abord, ce qui doit nous frapper, c'est la présence de ce crucifix entre les bois de l'animal. Il me semble que l'explication de cette circonstance est donnée par une double observation : la première, c'est que la licorne a été sans cesse confondue avec le cerf, au moyen âge et dans l'antiquité[194] ; la seconde, c'est que les premiers chrétiens s'imaginaient voir sur le front du premier animal, la marque du *Thau*[195], le signe de la croix. A ce titre, ce timide et paisible habitant des forêts fut regardé comme le symbole du Christ et, de la confusion de ces idées, naquirent les légendes qui nous représentent, d'une part, des cerfs portant réellement sur leur tête l'instrument de la passion, de l'autre, ces mêmes cerfs étant des métamorphoses sous lesquelles se cachait le Sauveur. Le cerf, confondu avec la licorne, non seulement exprimait emblématiquement Jésus-Christ, mais encore était l'image de l'âme, altérée de la parole divine, d'après ces paroles du psaume XLI, I : « *Quemadmodum desiderat cervus ad fontes aquarum, ita desiderat anima mea ad te, Deus.*» Voilà pourquoi cet animal figure dans une peinture des catacombes, représentant le baptême du Sauveur et où on le voit se désaltérer dans les eaux du Jourdain[196]. On trouve aussi quelquefois le même animal sur les lampes des premiers chrétiens[197].

On comprend aisément maintenant l'origine de ce crucifix placé entre les bois du cerf, dans les légendes que nous avons citées. C'est l'empreinte mystérieuse de l'instrument de la passion qui aura été transformée en un crucifix réel ; ce sont les paroles mystérieuses de l'histoire de la conversion de saint Paul : « Saul, Saul, pourquoi me persécutes-tu ? » qui auront été reproduites au sujet d'un cerf qui, représenté peut-être lui-même auprès du saint, avec le crucifix symbolique, rendait ainsi plus visible le stigmate qu'il portait sur le front[198]. Cette peinture

---

[194]   Cf. Stalpart van der Wiel, *Observationes rariores medicorum anat. chirurg.*, t. I, p. 263, Leyde, 1727, in-12.
[195]   Μονοχέρωτος γὰρ χέρατα οὐδενός ἄλλου πράγματος ἤ σήματος ἔχει ἄν τις εἴπεν χαί ἀποδεξαι, εἰ μή τοῦ τύπου ὅς τόν σταυρόν δείχνυσιν. S. Justin martyr. *Dialogus cum Tryphone*, Ed. Jebbs, p. 275 in-8°. Londini, 1719. Cf. Tertullien, *Adv. Jud.*, c. 10 ; S. Irenée, *Adversus hœreses*, II, 42 (éd. Massuet).
[196]   Bottari, I, pl. 44.
[197]   Aringhi, *Roma subterranea*, II, 312.
[198]   On trouvera peut-être bien éloigné ce rapprochement, établi entre le Christ et l'image tirée d'un psaume et d'une analogie physique fort douteuse : mais, pour comprendre qu'il ait pu être fait par les premiers chrétiens, il faut savoir que ceux-ci poussaient jusqu'à l'exagération

aura fourni l'occasion de forger ces fables que nous lisons dans la vie d'un saint Hubert, d'un saint Eustache, d'un saint Julien, d'un saint Fantin[199], et d'un saint Félix de Valois; image de l'âme qui a soif de Jésus-Christ, emblème de Jésus-Christ lui-même, le cerf figura d'abord à ce titre, près des figures de saint Telo, de saint Rieul, évêque de Senlis, de saint Procope de Bohême[200], de sainte Catherine de Suède[201], avant qu'une légende dénaturât le sens originaire de cet emblème.

Quelques monuments nous présentent encore le cerf avec son rôle symbolique: à Grenade, dans un bas-relief moresque du XIVᵉ siècle, le seul que l'on rencontre dans les monuments de cette ville, on voit des cerfs à tête humaine et à barbe, que des lions saisissent par le cou[202]. La rareté de ce sujet dans les monuments musulmans, où d'ailleurs toute représentation d'animal est si insolite, la similitude qu'il offre avec les scènes de lutte d'animaux s'entre-dévorant, qui décorent nos églises du moyen âge et le caractère allégorique qu'il porte avec lui, nous font supposer que c'est aux pays chrétiens que l'architecture moresque l'aura emprunté[203]. C'est l'image du démon (le lion) luttant contre le Christ où les chrétiens (le cerf). Dans les bas-reliefs de l'église de Saint-Gilles, monument byzantin du XIIᵉ siècle, dont tous les sujets figurés rappellent cette même idée du combat du diable contre la vérité et l'humanité, on voit des cerfs poursuivis par des sagittaires[204]. Nous avons vu plus haut que le sagittaire, autrement dit le centaure, était une des formes sous lesquelles apparaissait l'ange des ténèbres et qu'on était, par conséquent, dans l'habitude de la lui attribuer comme emblème.

Dans les superstitions des premiers âges, le cerf était encore regardé comme

les allégories tirées de l'Écriture sainte. Croirait-on, par exemple, qu'allant jusqu'à appliquer au Sauveur cette comparaison qui lui était si étrangère: « *Factus sum sicut nycticorax in domicilio* » (Ps. 101, v. 7), ils aient trouvé la confirmation de ce rapprochement, dans l'espèce de croix qui est dessinée sur la tête du hibou?

[199] Bollandistes, *Acta*, XXIV jul., p. 554.
[200] *Kunstsymbolik und Ikonographie*, p. 87.
[201] *Ibid.*, p. 88.
[202] Girault de Prangey, *Souvenirs de Grenade*, pl. 22.
[203] Les cerfs semblent être des *tragélaphes*, d'après les caractères que leur assignent les propriétés des bêtes au *Roman d'Alexandre*: « Les tragélaphes sont bestes monstrueuses et contrefaites, qui sont moytié bouge et moytié cerf (…) C'est une beste qui a grans oreilles velues et longue barbe comme ung bouge soultz le menton. Ilz ont les cornes tortues, les piez entiers comme ung cheval; hault et grand comme ung cerf et plus puissant des membres. » F. Berger de Xivrey, *Traditions teratologiques*, p. 557.
[204] A. de Laborde, *Monuments de la France*, t. II, pl. 126. Dans certaines églises, comme à Tournay, on voit, au milieu de sujets fantastiques ou symboliques, l'image d'un cerf vivement harcelé par des chiens (V. Lemaistre d'Autaing, *Recherches sur l'église cathédrale de Notre-Dame de Tournay*, Tournay, 1843, t. 1, p. 299).

un ennemi acharné du serpent, vivante image du démon[205], et cette idée fut un motif nouveau pour que le cerf devînt un symbole de Jésus-Christ[206]. Une ancienne croyance, dont l'origine doit être puisée dans l'antique religion des Perses, faisait de la licorne l'emblème de la pureté[207]. Lorsque cet animal est poursuivi, il va, disait-on, se réfugier sur le sein d'une vierge[208]. Dans d'ancien-

[205] Origène, *Homil. XVII in Genesin*, c. 5, dit que le cerf sent les lieux où sont cachés les serpents, et que, s'étant mis à l'entrée de leur trou, en tirant son haleine, il les attire à soi d'une telle force, qu'ils sortent et se jettent entre ses dents, où il les dévore ; qu'aussitôt après les avoir mangé, il en est si altéré, qu'il court vers les fontaines pour se rafraîchir, et s'il demeure trois heures sans boire, il meurt aussitôt. Διψάλεον πῶς ἐστίν, dit saint Jean Chrysostôme, ἡ ἔλαφος χαί διὰ τοῦτο συνεχῶς τρέχει ἐπί τὰς πηγὰς τῶν διψάλεον δέ γένεται χαί ἀπό τῆς φύσεως χαί ἀπό τοῦ τούς ὄφεις χατεσθέειν χαί τοῖς ἐχενων τρέφεσθα σώμασι. *Expositio in Ps. XLI, Opéra*, t. V, p. 138. (édit. Montfaucon). «Non immerito animal comparatum est fidelibus, dit saint Bruno, est enim prius innoxium, deinde velocissimum, tertio siticulossum ; serpentes naribus trahit quos ut voraverit, æstuante veneno, ad fontem festinat. Hoc nos admonet ut quando venena haurimus antiqui serpentis, ad fontem divinæ misericordiæ festinemus.»

[206] Ceci fait dire à Philippe de Taon, dans son *Bestiarius*, ap. Wright, p. 86, v. 350 :

> Par cest cerf, par raison Jhesu Crist entendum ;
> L'Eve sapience est, ki en sa buche est,
> E Sainct Espiremen entent par sifflement
> E par serpent diable, par semblant est venable.

Il dit aussi en parlant de la licorne :

> Monosceros grui est, en françois un corn est ;
> Beste de tel baillie Jhesu Crist signifie
> Un Deu est et serat e fuct et parmaindrat
> En la virgene se mist e par hom charn i prist
> A virgene se parut et virgene le conçeut
> Virgene est et sera e tuz jurz permaindrat.

[207] Chez les Perses la licorne (unicorne), ou l'âne sauvage de Ctésias, était un symbole du règne entier des animaux purs, comme le montrent les attributs divers qui lui étaient donnés. A la tête du règne impur figurait, au contraire, cet être fantastique décrit par Ctésias et par Elien, qu'on nomme le *Martichoras*, ou le meurtrier des hommes. Ce martichoras est devenu, pour les chrétiens, le serpent, type du démon (*Creuzer*, trad. Guigniaut, t. I, p. 340).

[208] «Ceste beste estre si forte qu'elle ne puisse est prinze par la vertu des veneurs, sinon par subtilité. Quant on la vieult prandre, on fait venir une pucelle au lieu où on scet que la beste repaist et fait son repaire. Si la licorne la veoyt et soit pucelle, elle va se coucher en son giron, sans aucun mal lui faire et illec s'endort. Alors viennent les veneurs, qui la tuent au giron de la pucelle. Aussi, si elle n'est pucelle, la licorne n'a garde d'y coucher, mais tue la fille corrompue et non pucelle.» Un chapitre du «*Bestiaire*» de R. de Fournival est intitulé : *De l'unicorne qu'une jeune fille séduict*. Paulin Pâris : *Manuscrits français*, t. IV, p. 25. *Proprietez des bêtes*, extraites du neuvième livre du Roman d'Alexandre, ap. Berger de Xivrey, *Traditions tératologiques*, p. 559. Ce sujet de la licorne poursuivie se voit sur un chapiteau de Saint-Regnobert de Caen. Dans quelques anciens zodiaques, la Vierge est, pour cette raison, accompagnée de la licorne. *Essais historiques sur Caen*, t. I, p. 99. Beda, in Ps. XXL. S. Isidore de Séville, *Origines*, lib. XII, c. 2. Un ancien poète allemand a dit :

nes peintures, l'Annonciation et la Conception sont figurées allégoriquement par une licorne s'élançant dans le giron de Marie[209]. Nul doute, par conséquent, que le cerf et la licorne n'aient longtemps servi à indiquer la pureté, la vertu, l'attachement pour le Sauveur des saints personnages près desquels ces animaux étaient placés[210]. Plus tard, confondant et le cerf et celui dont il est l'emblème, substituant à cette sorte de croix, qui surmonte le front de la licorne, le crucifix lui-même, on forgea les légendes dont nous avons parlé précédemment. La vertu prophétique déjà attribuée à cet animal aura accrédité davantage ces histoires dont le merveilleux était plus qu'un appât suffisant pour la crédulité du vulgaire. Les saints auront été transformés en chasseur, comme saint Eustache saint Hu-

---

Das Einhorn in der MägdeSchoos
Giebt der Keuschheit seinen Leib.
Manesse, *Minnesinger-Sammlung*, I, 224.

[209] Des représentations de ce genre se voient à l'église de l'hôpital de Grimmenthal (Cf. Rudolphi, *Gotha diplomatica*, t. II, p. 310), à Brunswick, dans la cathédrale (Cf. Ribbentrop, *Beschreibung der Stadt Braunschweig*, pl. 2), à la bibliothèque de Weimar. Dans le tableau de cette dernière ville, l'ange Gabriel est représenté donnant d'un petit cor ou cornet, et du cornet sort une banderolle, sur laquelle on lit ces mots : «*Ave, gratia plena, Dominus tecum*». De l'autre bras, Gabriel porte une lance et tient en laisse quatre chiens, de la gueule desquels s'échappe, pour chacun, une banderolle avec ces mots : *veritas*, pour le premier chien, qui est noir ; *misericordia*, pour le second, qui est brun foncé ; *pax*, pour le troisième, qui est blanc ; et *justicia*, pour le quatrième, qui est noir. Cf. *Curiositœten der Physisch-literarisch*, etc., *Vor-und-Mitwelt*, par Bertuch, t. VII, n° 2, 1817, p. 135. A Brunswick, dans le sujet semblable, peint sur le retable de l'autel, on lit dans la bouche de l'ange, ces mots, qui font allusion à la licorne, symbole du Christ : «*Qui quem cœli capere non possunt, in tuo gremio contulisti*». Un grand nombre de passages d'auteurs de différentes époques ne nous permettent pas de douter que la licorne ne fût l'image de Jésus-Christ : «Dilectus quasi filius unicornium. Quid filio Dei similius quam unicornis? Captus est et ipse amore virginis et majestatis oblitus, carneis vinculis irretitur.» S. Thomas de Villanova, *In Nativit. Domin. Conc. IV*. Conrad de Wurtzbourg a dit aussi :

Dass suchtest du der Jungfrau Schoos
Wie's Einhorn, wild, in seiner Noth
Zu einer Jungfrau fliehest.
Manesse, *Minnesinger-Sammlung*, II, 201.

[210] Sainte Justine était représentée avec une licorne à ses pieds, ainsi qu'on peut l'observer dans le tableau de Pordenone, de la galerie de Vienne. *Musée Réveil.*, t. V. A l'abbaye de Saint-Riquier, saint Firmin est figuré ayant deux licornes à ses pieds. Cette circonstance a fait adopter, plus tard, ces animaux pour armes de la ville d'Amiens. Saint Hubert était, lui, toujours représenté avec le cerf ; tantôt le saint était à cheval, donnant du cor, et ayant l'animal devant lui, comme on le voit dans un bas-relief de Sainte-Croix de Saint-Lô (Cotman's, *Architectural antiquities of Normandy*, pl. 88) ; tantôt le saint, dans son costume d'évêque, portait l'animal sur son livre de prières, ainsi que l'a peint Maître Wilhem, peintre flamand du XVIᵉ siècle, dans un tableau qui se voit dans la pinacothèque de Munich.

bert et le cerf mystérieux sera devenu le Sauveur qui leur était apparu sous cette forme[211].

---

[211] La comparaison du chrétien et du chasseur s'offre assez souvent chez les écrivains du moyen âge: «Vox vestra sit quasi tuba. Egredere in silvam meam cum canibus et fac animalia audire sonum tubæ et deterre ea clamore tuo. Servi igitur audientes sonum tubæ dixerunt: Ecce hæc est vox venatoris nostri Domini. Surgamus ergo festinanter, non simus jam timidi, nec negligentes, manus nostra sit prompta jam in percutiendo, vox altior clamandi, etc. Venator vero significat justitiam Dei manifestandam, cujus vox erit talis. Canes autem sequentes sunt viri iniquitatis, quibus Deus quamvis sint mali, ulitur ad bonum.» S. Brigitte, *Revelationes*, lib. VIII, c. 18.

LA COLOMBE

La colombe a été, dès les premiers temps du christianisme, le symbole de la pureté, de la chasteté et de la candeur : « Soyez prudents comme des serpents et simples comme des colombes », dit saint Mathieu, X, 16. « *Columba pro signo dilectionis ponitur* », écrivait saint Augustin[212], et saint Ambroise s'écriait[213] : « Quid sunt columbœ nisi simplices mentes vel animi fidem candidam et puram sequentes ? » Déjà en Orient, dès la plus haute antiquité, la colombe figurait comme un animal symbolique, et à ce titre elle jouait un grand rôle dans la religion des Syriens[214]. C'était l'emblème de la génération et de la chaleur animale, en même temps que celui de la pureté. En effet, ces idées ne sont-elles pas intimement unies ? La pudeur et la chasteté ne sont-elles pas les gardiennes de la fécondité et de l'amour ? Et ces sentiments et ces vertus ne devaient-ils pas se confondre en un même emblème ? Voilà pourquoi, dans la symbolique chrétienne, c'est tantôt sous l'image du feu, de la chaleur, tantôt sous celle de l'oiseau timide, que se manifeste le Saint-Esprit[215].

---

[212] In Ps. LIV, 17.

[213] *Oratio in Auxentium de basilica non tradenda*, 12.

[214] Creuzer, trad., Guigniaut, liv. IV, c. 9, p. 36 et sq. La colombe se rattachait aussi au culte des Samaritains. Cf. J. Ch. Friederich, *Discussionum de Christologia Samaritanorum liber. cum appendice, de Columba dea Samaritanorum* (Lipsiæ, 1821, p. 82 et sq.) Trigland, *De secta Karaorum*, p. 202. Sylv. de Sacy, *Mémoire sur l'état actuel des Samaritains*, suivant l'interprétation des Pères de l'Église. La colombe, dont il est question dans le *Cantique des Cantiques*, représente allégoriquement le peuple de Dieu. Dans le *Tractatus Sohar.*, t. II, l. 51 (éd. Amsterdam), la colombe est dépeinte comme la protectrice d'Israël (*patrona Israelis*), et il est question d'une représentation dans laquelle on voyait la colombe tenant étreint l'épervier, allégorie qui figurait la victoire du peuple de Dieu sur le paganisme exprimé par l'oiseau de proie : peut-être aussi cet oiseau, sacré chez les Égyptiens, était-il l'emblème de ce peuple. Alors l'allégorie eût eu trait à la délivrance d'Israël de la terre de Mesraïm. Dans la description merveilleuse du temple de Salomon, que donne l'auteur du second *Targum Esther*, en le comparant avec celle du premier livre des rois, il est parlé d'un sujet analogue. L'adoption de la colombe comme symbole de la virginité et de la pureté, donna naissance à la légende d'après laquelle on raconte qu'une colombe s'échappa de la verge de Joseph et vint se placer sur sa tête pour le désigner comme l'époux futur de Marie. Cf. *Protevangile S. Jacques, cap 9, Evang. infant. S. Mariæ*, chap. 8. Les colombes, que l'on offrait à la messe de la canonisation, étaient primitivement une image de la pureté du saint (Victon, *Canonisation des saints*, chap. 26, p. 233) aussi bien que celle qu'offrait chez les juifs l'accouchée, le jour de la Purification. Lévitiq., XII, 8.

[215] Quoique les évangiles ne fassent mention de l'apparition du Saint-Esprit sur terre sous la

Dans les représentations de l'*Annonciation*, au moyen âge, on voit toujours la colombe descendant vers la Vierge sur un rayon de lumière. Le mythe dans lequel les Évangiles nous représentent la troisième personne de la Trinité descendant, sous la forme d'une colombe, au-dessus de la tête de Jésus, pendant son baptême, repose encore sur cette même pensée d'association[216]. Voilà pourquoi les artistes chrétiens conservèrent, sur leurs sarcophages, les colombes qui figuraient sur ceux des païens, comme attributs de Vénus Libitina, colombes mystérieuses qui becquetaient des fleurs, s'abreuvaient dans un même vase[217], images auxquelles les néophytes attribuaient un sens nouveau et que le moyen âge reproduisit encore parfois dans des bas-reliefs, sans doute sans en saisir le sens[218]. Les Juifs comparaient aussi les païens qui se convertissent à la religion de Moïse, à quelqu'un qui se met sous les ailes du Saint-Esprit ou *Chechina*.

Ainsi, dès la plus haute antiquité chrétienne, la colombe fut à la fois le symbole de l'Esprit saint et celui de l'âme sage, pure et fidèle[219]. Partout où l'on voulut

---

forme d'une colombe qu'au baptême de Jésus-Christ, les artistes le représentèrent aussi sous cette forme entrant dans l'oreille de Marie, comme on peut le voir à Sainte-Marie-Majeure (Cf. Gori, *Thesaurus*, tab. XXX, t. III), pour une représentation de cette sorte. On pensait exprimer ainsi que la Vierge n'avait été unie à l'Esprit saint que par une union purement spirituelle. Mais cette allégorie figurée fut prise à la lettre, et l'on s'imagina que la mère du Sauveur avait réellement conçu par l'oreille. Au parement d'autel niellé de Klosternenburg, fait par Nicolas de Verdun (XIIᵉ siècle), on voit l'Annonciation représentée comme suit : l'ange Gabriel étend la main droite vers Marie, et des extrémités de ses doigts s'échappent deux rayons qui se dirigent vers l'oreille de la Vierge. Voyez J. Arneth, *ouv. cit.*, p. 11. «Deus per angelum loquebatur, dit saint Augustin, et virgo per aurem imprægnebatur. *Sermo de Tempore*, XXII. Saint Ephrem dit aussi : «Quemad modum ex parvulo sinu illius auris ingressa et infusa est mors; ta et per novam Mariæ aurem intravit atque infusa est vita». Dans le bréviaire des Maronites, on lit cette formule : «Verbum patris per aurem benedictæ intravit», et Agobard s'écrie en termes semblables, *De Correctione antiphonarii*, c. VIII : «Descendit de cœlis missus ab arce patris, introivit per aurem Virginis in regionem nostram indutus stola purpurea et exivit per auream portam lux et Deus universæ fabricæ mundi.» Dans la croyance des Mongols, leur Bouddha, Chigemouni, choisit la plus parfaite des vierges, Mahaenna, et, pendant son sommeil, il pénétra dans son corps par l'oreille droite. Voyez Norlk, *Biblische Mythologie*. Stuttgart, 1843, t. II, p. 64.

[216] Strauss, *Vie de Jésus*, trad. Littré, t. I, part. 2, p. 417.

[217] Cf. Boldetti, *Osservazioni sopra i cimiteri de sancti Martiri*, p. 339 et sq. Mémoire de M. Raoul Rochette, *Sur l'archéologie chrétienne*, dans le t. XIII, p. 207, de la collection des mémoires de l'Académie des inscriptions; et Cte de Clarac, Catalogue du musée, n° 515 & 814.

[218] On voit deux colombes buvant dans un vase à Saint-Hildebert de Gournay. Cotman's *Archit. antiq. of Normandy*, t. I, pl. 41. On retrouve le même sujet sur les chapiteaux de l'église de Monreale en Sicile, ainsi que sur ceux de la cathédrale du Mans; mais, là, ces oiseaux sont devenus fantastiques. *Bulletin monumental*, t. VI, 1840, p. 340.

[219] Philon regardait aussi la colombe comme l'emblème de la sagesse, Πρός δέ τούτοις τριγόνα τε χαί περιστεράν, τήν τε θείαν χαί τήν ἀνθρωπίνην σοφίαν. *Quis rer. divin. haer.*, c. 44.

rappeler ces idées, on peignit la figure de cet oiseau tendre et chaste que l'opinion populaire disait être sans fiel[220], et auquel elle attribuait une sorte de vertu prophétique[221]. Au-dessus des baptistères, on plaça l'image pour rappeler que le Saint-Esprit répandait ses dons sur le catéchumène, comme il les avait répandus sur le Christ[222]. Voulut-on exprimer les sept dons que l'esprit divin envoie à l'homme, on peignit sept colombes qui entourent une colombe plus grande[223]; ou bien se proposa-t-on de rendre sensible aux yeux le fait même de l'inspiration, on représenta cet oiseau venant parler à l'oreille du personnage inspiré. Chercha-t-on enfin à faire voir l'esprit de Dieu versant ses grâces sur celui qui reçoit le caractère sacré du sacerdoce ou de l'épiscopat, le symbole de la colombe fut encore employé et placé au-dessus de la tête du prêtre ou du prélat. Le peuple, accoutumé à voir si intimement unie la colombe avec l'idée de l'Esprit saint, ne sépara plus désormais ces deux êtres. Pour lui la colombe devint le Saint-Esprit,

---

[220] «Ut natura Spiritus Sancti declaretur per animal simplicitatis et innocentiæ, quod etiam corporaliter ipso felle careat columba.» Tertullien, *De baptismate*, c. 8. Cf. Bochart, *Hieroz.* lib. I, c. 4, p. 22.

[221] Témoins ces vers d'Horace:

> Me fabulosæ Vulture in Appulo
> Altricis extra limen Apuliæ,
> Ludo fatigatumque somno,
> Fronde nova puerum palumbes
> Texere.
>
> Lib. III, ode 4.

[222] «Columbas aureas et argenteas in formam sancti super divina lavacra et altaria appensas, asserit et defendit contra Severum hæresiarchum, synodus Constantinopolitana.» Molanus, *De picturis*, lib. I, c. 6. Cf. l'ouvrage déjà cité: *De antiquis baptismatis ritibus*, lib. I, c. II, p. 26. A Saint-Trophime d'Arles, sur un des chapiteaux de la porte d'entrée, on voit un baptême par immersion: un enfant est plongé dans une cuve par son père et sa mère; le Saint-Esprit, sous la forme d'une colombe, descend sur la tête de cet enfant. Millin, *Voyage dans le midi de la France*, t. III, p. 592. Cf. Münter, *Sinnbilder*. Heft I, p. 106. Alcuin, dans une de ses lettres, appelle le pape Léon III, le gardien de la seule colombe sans tache. Epistol. ad Léon. III, ap. *Alcuini opera*, t. I, p. 30. Les chrétiens voyaient dans le passage de saint Mathieu (XXI, 12), où il est dit que Jésus-Christ chasse hors du temple ceux qui y vendaient des colombes, une allégorie aux dons de l'Esprit saint enlevés au temple de Jérusalem. Cf. S. Hilaire de Poitiers, *Commentarius in Math.*, c. XXI, p. 714, édit. Bened.

[223] Dans une miniature du Psautier de saint Louis, dont parle M. Didron, dans un article de la *France littéraire*, août 1841, Jésus-Christ est représenté entouré des sept esprits figurés par sept colombes. Dans la Bible historiée manuscrite de la Bibliothèque nationale, cotée 6829, on voit la Vierge portant l'enfant Jésus. Elle est environnée de sept colombes. Comp. les sept esprits dont parle Esaïe, chap. XI, v. 1 et 2. Ce sujet se retrouve fréquemment dans les miniatures des manuscrits ou sur les vitraux; par exemple, sur un vitrail de la Sainte-Chapelle, à Paris, sur un des vitraux de l'abbaye de Saint-Denis, donnés par Suger, et sur la rose septentrionale de la cathédrale de Chartres.

et *vice versa*[224]. Incapable de discerner ce qui était réel dans ces représentations, de ce qui n'offrait qu'un sens allégorique, il expliqua, par des mythes pareils à ceux de l'Évangile, la présence de ces oiseaux mystérieux. Les actes des Apôtres nous disent qu'en prêchant aux Juifs, qui allaient le lapider, saint Étienne était rempli du Saint-Esprit. Or, on peut voir sur un vitrail de la cathédrale de Sens une colombe blanche, à nimbe d'or, étendant ses ailes sur le jeune diacre. De même sur un vitrail de l'église de Fribourg en Brisgau, on voit une colombe au-dessus de la tête de sainte Catherine d'Alexandrie, confondant les docteurs païens[225]. La colombe placée à côté de saint Fabien[226], de saint Hilaire d'Arles[227], de saint Sévère de Ravenne[228], de saint David de Valais[229], de saint Médard de Noyon[230], de saint Maurille[231], de saint Thomas d'Aquin[232], de saint Evurce[233], de saint Samson[234], fut pour le vulgaire une véritable colombe[235], sous la forme de laquelle il s'imaginait que l'Esprit saint était apparu à ces saints personnages, ou bien avait manifesté sa présence au moment où ceux-ci prêchaient la parole divine ou recevaient l'onction sainte. Par suite de la même erreur, la colombe,

---

[224] Les Russes, par exemple, s'abstiennent de manger du pigeon, à cause de l'association qui existe dans leur esprit entre cet oiseau et le Saint-Esprit. (May, *Saint-Pétersbourg et la Russie*, t. I, p. 95. Paris, 1830). Le clergé entretenait cette superstition populaire qui confondait la colombe avec la personne divine, en figurant constamment cette personne sous le même emblème. Dans plusieurs églises, pendant la messe de la Pentecôte, on voyait la colombe qui descendait au milieu des étoupes enflammées. F. Bourquelot, *Histoire de Provins*, t. II, p. 289. Quelquefois, il est vrai, le Saint-Esprit a été figuré sous une forme humaine, mais le fait est fort rare. Cf. sur le petit nombre de représentations de ce genre, Quandt, *Progr. de Picturis Spiritus Sancti sub juvenis speciosi forma* (in-4°, 1771, Regiomont).

[225] Didron, *Iconographie chrétienne*, p. 438-439.

[226] *Christliche, und Kunstsymbolik und Ikonographie*, p. 181.

[227] *Idem*, p. 181, et *Legenda aurea*, c. 23.

[228] Bollandistes, *Acta*, I febr., p. 83.

[229] Colganus, *Acta Sanctorum Hiberniæ*, p. 83.

[230] *Christliche Kunstsymbolik*, p. 183.

[231] *Ibid.*, p. 184.

[232] *Idem*.

[233] Bollandistes, *Acta*, VII sept., p. 73.

[234] Bollandistes, *Acta*, XXVII jul., p. 177.

[235] Une colombe descendit sur la tête de saint Aredius, au moment où on le sacrait évêque. Baronius, *Annales Ecclesiastici cum critice Pagii*, t. X, p. 600. Le même miracle se passa au sacre de saint Dunstan. Vincent de Beauvais, *Speculum historiale*, lib. XXXV, c. 78. Une légende analogue existe pour saint Christophe de Romandiola. *Menologium S. Francisci ordini*, 31 nov. p. 205-4. Pour saint Malachie, archevêque, Vincent de Beauvais, *Speculum histor.*, lib. XXVII, c. 121. Un pigeon se plaça sur la tête de saint Braule prêchant à Saragosse ; la légende rapporte que ce pigeon n'était autre que le Saint-Esprit. Ribadeneira, 26 mars.

que l'artiste peignait à l'oreille de saint Grégoire le Grand[236], de saint Basile[237], de saint Pierre d'Alcantara[238], pour exprimer que leur éloquence était un effet de l'inspiration de l'esprit de Dieu, devint, aux yeux du peuple, l'image de ce même esprit qui s'était rendu visible sous cette forme.

Des superstitions semblables ont encore cours en Orient. C'est ainsi que M. Chaumette des Fossés nous raconte : «J'ai entendu, le jour de la Pentecôte 1808, un des prédicateurs en renom cherchant à prouver que Mahomet n'était autre que Satan revêtu de forme humaine et disant ensuite, en parlant d'un moine de Kresevo absent, que c'était un homme tellement aimé du ciel, qu'il se passait rarement deux dimanches sans qu'une colombe lui apportât un billet de la sainte Vierge[239].»

Les vies de divers saints se grossirent de légendes où la colombe jouait un rôle, et ces faits merveilleux passèrent jusque chez les musulmans[240]. La célèbre histoire de la Sainte Ampoule n'est-elle pas une de ces fables nées de la même source, enfantées par la même idée[241]? Le désir des légendaires de reproduire le miracle de l'apparition du Saint-Esprit sous forme de colombe, joint à l'influence exercée par des images grossières qui offraient, sous la figure de cet oiseau, le Paraclet apportant l'huile sainte, voilà tout le secret de ce miracle longtemps consigné dans notre histoire nationale, à côté des faits les plus graves et les plus positifs. Le clergé ne contribua pas peu à en répandre la connaissance, y voyant

---

[236] C'est ainsi qu'on voit saint Grégoire représenté dans un bas-relief du temps de Calixte II. Vatican. *Basilich. crypt. Monum. æreis tabulis incisa,* a Ph. Laur. Dyonisio, ed. de Gabrielis. On lit dans cet ouvrage, p. 71 : «Hactenus Johannes diaconus qui etiam tradit Petrum ejusdem Gregorii diaconum testatum esse, se frequentissime super sanctissimi caput Spiritum Sanctum in columbæ similitudinem perspexisse.» Cf. Molanus, *De picturis sacris,* lib. III, c. 9, edit. Paquot.

[237] Saint Ephrem rapporte comme un miracle, qu'on vit un pigeon venir parler à l'oreille de saint Basile. Cf. S. Grégor. *Nyss. Encomium Ephremi,* ap. *Op.,* t. II, p. 1037. Cette légende a fourni le sujet d'un des tableaux de François Herrera le père.

[238] *Christliche Ikonographie,* p. 184.

[239] *Voyage en Bosnie,* Paris, 1808.

[240] Pococke, *Essai sur l'histoire des Arabes,* p. 186 ; Gagnier, *Vie de Mahomet,* t. II, p. 290.

[241] C'est Hincmar qui a rapporté le premier cette histoire fabuleuse de la sainte ampoule (*Historia Francorum,* lib. I, apud Duchesne, p. 524), et Aimoin, au IXᵉ siècle, l'a répétée d'après lui (lib. I, c. 16). Mais il est à remarquer que ni Avitus, évêque de Vienne, qui avait écrit à Clovis pour le féliciter de son baptême (*Epist. ad Clodovichum* ap. Duchesne, t. I), ni Grégoire de Tours, qui s'est montré si avide de prodiges, ni Nicetius, évêque de Trèves, auteur qui traite aussi du baptême de Clovis, ne parlent en rien de ce prétendu miracle. En sorte que cette légende doit avoir été composée au temps d'Hincmar et peut-être par Hincmar lui-même. Voyez le mémoire de l'abbé de Vertot sur la sainte ampoule, dans le t. II, des *Mémoires de l'ancienne Académie des inscriptions et belles-lettres.* L'on sera frappé de la pauvreté des arguments dont cet historien se sert pour appuyer la vérité du miracle.

pour lui un moyen d'entretenir une foi crédule et de flatter les rois, tout en les assujettissant au joug sacerdotal, par le récit d'un prodige, qui attestait que Dieu avait sanctionné la cérémonie dans laquelle le prêtre vient ratifier, au nom du ciel, le droit du monarque[242].

Rien n'est plus commun dans les légendes que ces récits d'âmes qu'on a vues s'envoler du cadavre d'un saint, sous la forme d'une colombe. Une métaphore poétique entendue littéralement a été la source de cette fable si souvent répétée. Le vulgaire prenait à la lettre les comparaisons de la lyre chrétienne, qui assimilaient l'âme de la vierge ou du martyr abandonnant sa demeure terrestre à la chaste colombe qui s'envole vers les cieux ; métaphore contenue dans ces vers Prudence et qui a fait placer le miracle en question dans la vie de sainte Eulalie :

> Emicat inde colomba repens
> Martyris os nive candidior
> Visa relinquere et astra sequi ;
> Spiritus hic erat Eulaliæ
> Lacteolus, celer, innocuus.
> Colla fluunt, abeunte emoritur.
> Pax datur artubus, exanimis
> Flatus in æthere plaudit ovans
> Templaque celsa petit volucer[243].

Les vers suivants d'une hymne chantée à Naples à l'office de saint Potito, firent admettre dans l'histoire de ce saint un miracle absolument identique :

> Laus unitati trplici
> Pro qua Potitus sanguine
> Fuso, potitur martyrum

---

[242] Les chrétiens, supposant que la colombe avait été la forme prise par le Saint-Esprit, attachèrent à cet oiseau une sorte de vertu prophétique. Déjà, dans la Bible, on l'avait vue annoncer à Noé la fin du déluge, et c'est une colombe qui indiqua à saint Gaucher le lieu voisin de Limoges où il devait fonder le monastère de Saint-Jean d'Aurel. Fr. de Blois, *la Vie de saint Gaucher*, premier prieur de Saint-Jean d'Aurel, c. 12, p. 85 (Paris, 1652, in-18). L'apparition d'une colombe mystérieuse fit de même élever près de Bologne l'église surnommée, à raison de cette circonstance, Notre-Dame de la Colombe. Une colombe fit connaître le lieu où était enterré saint Cunibert. Cela rappelle les colombes, dans le sixième livre de l'*Énéide*, qui découvrent à Énée l'endroit de la forêt où s'élevait l'arbre qui portait le rameau d'or. Les Orientaux ont encore un grand respect pour les colombes.
[243] *De coronis*, Hymne IX, v. 161.

Palma, in columbæ imagine[244].

Une fois inventée, cette légende a été reproduite par les hagiographes, pour différents saints, d'après le système d'imitation que j'ai développé dans la première partie de cet ouvrage. On la retrouve dans la vie de saint Blaise[245], de saint Menigne[246], de sainte Scolastique[247], de saint Quentin[248], de saint Médard[249], de sainte Thérèse[250] et d'une foule d'autres. La même figure de langage qui avait fait naître la fable employée dans le discours, a pu d'ailleurs avoir pour chaque saint un effet isolé et lui faire attribuer un miracle, sans que pour cela il y ait eu pensée d'imitation. Nous retrouvons d'ailleurs plus d'une fois cette comparaison. On lit, par exemple, dans la vie de sainte Agrippine, vierge[251] : « Quando istis desuper adstare visa est, instar pulcherrimæ columbæ volans, crucemque præferens, virgo agrippina, etc. » et le Ménologe de saint François[252] dit : « P. Joannes de S. Maria evolavit in cœlum, velut candida columba, et velut aquila renovavit senectutem. » On lit dans la légende de saint Benoît, par Jacques de Voragine, que ce saint, regardant au ciel, vit l'âme de sa sœur sous la forme d'une colombe, qui pénétrait dans les régions les plus reculées du firmament.

Au reste, c'est toujours sous l'image d'un oiseau qui s'envole, qu'on s'est représenté l'âme quittant sa dépouille mortelle. Les Égyptiens[253] peignaient les âmes sous la figure d'oiseaux à tête humaine, et dans les idées superstitieuses de certaines provinces de France, les chauves-souris sont les âmes des morts[254].

Plusieurs des légendes analogues à celles que nous avons rapportées paraissent avoir été inspirées par des souvenirs païens : tel est le récit du miracle consigné dans la lettre des chrétiens de Smyrne racontant le martyre de leur évêque Polycarpe[255] et d'après lequel on vit une colombe s'échapper du bûcher, où le

---

[244] Bollandistes, *Acta*, XIII jan., p. 764.
[245] Bollandistes, *Acta*, III feb., p. 353.
[246] Bollandistes, *Acta*, XV mart., p. 391.
[247] *Dialogi*, S. Greg. Magn., lib. II, c. 34.
[248] Lafons, *Histoire de saint Quentin, apôtre du Vermandois*, p. 65 (in-12, 1629).
[249] Vita S. Medardi, c. 4, ap. *Acta Sanctor. Belgii selecta*, t. II, p. 156.
[250] Vita B. *Mariæ Theresæ*, lib. III, c. 16, p. 261.
[251] Bollandistes, *Acta Sanctorum*, XXIII jun., p. 421.
[252] X april, p. 855.
[253] Lepsius, *Das Todtenbuch der Agypter*, Leipzig, 1842, pl. 23.
[254] Le départ de l'âme a toujours été comparé à un vol, par la rapidité avec laquelle il a lieu. Homère a dit le premier :

Ψυχη ὁ', ἠότ' ὄνειρος, ἀποπταμένη πεποτήται.
Odyssée, XI, 222.
[255] Ruinart, *Acta martyrum*, Ratisbonne, 1859, p. 89.

corps du saint venait d'être réduit en cendres. Il y a là évidemment, comme le remarque Henke[256], un fait emprunté à la cérémonie de l'apothéose des empereurs, dans laquelle on lâchait au-dessus du bûcher funèbre qui avait consumé la dépouille mortelle, un aigle qui s'envolait dans les cieux et représentait l'âme du prince défunt[257].

---

[256] Henke, *De figurato dicendi genere, fonte multarum fabularum.*
[257] Cf. Dio Cassius, lib. XVI, 41. *Herodianus*, I, 4.

LE CORBEAU

Le corbeau se place naturellement comme symbole à côté de la colombe. Oiseaux prophétiques, ils avaient été tous deux envoyés par Noé, pour s'assurer si les eaux s'étaient enfin retirées de la terre. Mais le corbeau ne revint pas ; la colombe seule revint, apportant un signe d'espérance[258]. Cette circonstance, jointe à celle de l'opposition de couleurs et des idées défavorables que l'antiquité attachait aux corbeau[259], fit adopter quelquefois celui-ci comme emblème du démon, tandis qu'on n'admit jamais que la forme de la colombe pût être revêtue par l'esprit tentateur. On crut donc que le démon pouvait se montrer sous la figure d'un corbeau[260]. Parfois aussi on conserva à cet oiseau sa vertu prophétique[261] et on lui fit jouer un rôle mystérieux dans la vie de plusieurs saints, tels

---

[258] Cette circonstance fit prendre la colombe comme symbole de l'espérance : Διὰ τοῦτο καὶ ἡ περιστερὰ φαίνεται, ὁυ, χλάδον ἐλαίας φέρουσα, ὑλλὰ τόν πάντων τῶν χαχῶν ἐλευθερωτήν ἡμιν δειχνύουσα, dit S. Jean Chrysostôme. *In Math., Homilia XII*, t. VII, p. 164, éd. Montfaucon. Ces préjugés défavorables au corbeau ont suggéré à Anthoine Uzier, curé de village en Lorraine, la pensée de prendre sa défense. Voyez son livre assez plaisant, intitulé : *Le triomphe du corbeau*, (Nancy, 1619, 2ᵉ édit. Saint-Nicolas-du-port, 1839, in-12). Il y démontre que « la voix du corbeau, *cras*, en son auguration, est un avertissement du ciel ».
[259] « Ut corvus malitiam, sic virtutem columba exprimit ». S. Ambroise, *De Noe et Arca*, c. 18. Dans les traditions orientales, le corbeau joue toujours un rôle défavorable : c'est ainsi que les Arabes racontent que Cabyl (Caïn) étant embarrassé pour cacher le cadavre de son frère Habyl (Abel) qu'il venait de tuer, un corbeau lui suggéra l'idée de le cacher en terre, en tuant, sous ses yeux, un autre corbeau, et creusant avec son bec et ses pattes un trou pour l'y placer, Koran, ch. V, p. 98. Voyez un article intéressant de M. Perron, p. 451, numéro d'août 1842, de la *Revue indépendante*. Le poète El-Harethi appelle le 'corbeau père de malheur'.
[260] Voyez Thilo, *Codex apocryphus Evangelii arabici infantiæ Salvatoris*, c. 11. Il y est question de démons qui se montraient sous cette forme.
[261] Κόραχα ὄρνιν φασίν ἱερόν ᾿Απόλλωνος χαί ἀχόλουθον, χαί μαντιχῆς συμολοις ἀγαθόν, Elien., *De animalibus*, lib. I, c. 48. « Cornices et corvi, si exercitui circumvolitassent, mala omina credebantur, Alexandri Babylonem subeuntis et Ciceronis ab Antonii facie fugientis, mors corvorum crocitatione prædicta traditur. » Joan. Potteri, *Archæologia græca*, lib. II, c. 15, p. 350 (Venetiis, 1734, in-4°). Dans la mythologie scandinave, Odin est averti au fond du Walhalla de tout ce qui se passe sur la terre, par deux corbeaux qui s'envolent tous les matins, vont parcourir l'univers et reviennent lui raconter à l'oreille ce qu'ils ont vu. *Lexicon mytholog. ap. Edda sæmund.*, p. 518. Ce furent deux corbeaux qui guidèrent l'armée d'Alexandre dans le désert et, suivant la tradition populaire, la sauvèrent ainsi des dangers dont la menaçaient des trombes de sable et des torrents de pluie. Diodore de Sicile, XVII, 50. Strabon, lib. I, part. 49, 50.

que saint Oswald[262], saint Guillaume Firmat[263], sainte Ida[264], saint Meinrad[265], et saint Vincent, archidiacre de Saragosse[266].

---

[262] Genthe, *Deutsche Dichtungen des Mittelalters*, t. I, p. 279.
[263] *Christlich. Kunstsymbolik.*
[264] *Idem.*
[265] *Idem.*
[266] *Idem.*

LE POISSON

Le poisson n'a pas été chez les chrétiens un symbole moins significatif que le serpent et la colombe. Son nom grec ΙΧΘΥΣ, qui se composait des initiales du nom du Sauveur[267], le fit adopter de bonne heure comme emblème de Jésus-Christ; c'est ce que nous attestent plusieurs passages des Pères de l'Église[268]. Cet animal devint donc un attribut chrétien destiné, comme tout ce qui portait un caractère symbolique, à être dénaturé par le vulgaire et à devenir l'origine de légendes plus ou moins bizarres. Quelle autre idée qu'une allégorie, que le peuple avait cessé de comprendre, irons-nous chercher dans ce poisson de saint Corentin, toujours entier et suffisant chaque jour à la nourriture du saint évêque[269]? N'est-ce pas une figure frappante du mystère de l'Eucharistie, de cette nourriture spirituelle dont Dieu, le pain vivant descendu du ciel, forme l'essence, nourriture toujours intacte et entière et satisfaisant sans cesse au besoin des fidèles? Évidemment, on aura substitué au Christ son emblème, soit par l'effet de quelque image, soit à cause de certaines paroles dont on n'aura pas saisi le sens figuré. On sait que les premiers chrétiens aimaient à graver cet hiéroglyphe du poisson sur leurs sarcophages, sur leurs pierres sépulcrales. C'était à la fois, pour

---

[267] ΙΧΘΥΣ est formé par les initiales des mots: Ἰησοῦς Χριστός Θεοῦ Υἱός Σωτήρ. Cf. Münter, *Sinnbilder*, t. I, p. 50. Saint Prosper d'Aquitaine a dit: «Dei filius, Salvator, piscis in sua passione decoctus, cujus ex interioribus remediis quotidie illuminamur et pascimur.» Voyez dans Boldetti, la représentation des poissons dessinés sur les tombeaux des premiers chrétiens. C'étaient, en général, le 'pompile', comme l'observe M. A. Berthelot. *De la pêche sur la côte occidentale d'Afrique*, Paris, 1840, in-8°. Or ce poisson, d'après Elien, était consacré à neptune et, en Samothrace, aux dieux, sans doute aux Cabires. (Elien, *De natura animalium*, XV, 23). Comp. Didron, *Iconographie chrétienne*, p. 352.

[268] «Ichtys, in quo nomine mystice intelligimur Christus, eo quod in hujus mortalitatis abysso, velut in aquarum profunditate vivus, h. e. sine peccato esse potuerit.» S. Augustin, *De civitate Dei*, lib. XVIII, c. 23. «Hic est piscis, qui in baptismate per invocationem fontalibus undis inseritur, ut quæ aqua fuerat, a pisce etiam piscina vocitetur.» Optat. ap. Münter, I, p. 53.

[269] «Pour sa nourriture et sustentation en cette solitude, Dieu faisait un miracle admirable et continuel; car, encore qu'il se contentast de quelques morceaux de gros pain qu'il mendiait quelquefois ès villages prochains, et quelques herbes et racines sauvages que la terre produisoit d'elle-mesme, sans travail ni industrie humaine, Dieu lui envoya un petit poisson en sa fontaine, lequel, tous les matins, se présentoit au saint qui en coupoit une pièce pour sa pitance et le rejetoit dans l'eau, et tout à l'instant il se trouvoit tout entier sans lésion ni blessure et ne manquoit tous les matins à se présenter à saint Corentin qui faisoit toujours de mesme.» Albert Legrand, *Vies des saints de Bretagne*, édit. Miorcec et Graveran, p. 779.

eux, le symbole du Christ et celui de la nourriture spirituelle qui avait remplacé ces aliments grossiers auxquels ces mêmes représentations faisaient allusion sur les monuments païens[270].

Ces poissons lui rappelaient le miracle de la multiplication, nouvelle image pour eux de l'Eucharistie, et le poisson qui rendit la vue à Tobie, miracle qui n'était lui-même que la figure du miracle plus éclatant, par lequel Jésus est venu apporter la lumière au monde et dissiper de devant nos yeux les ténèbres de l'idolâtrie[271]. Plus tard les chrétiens conservèrent encore l'usage de graver sur les fonts baptismaux[272] les poissons mystiques, emblèmes du néophyte qui vit par l'eau du baptême. «Aquæ vivæ piscis Christus,» dit saint Paulin[273]; et Tertullien[274] disait aussi: « Sed nos pisciculi secundum Θïν nostrum in aqua nascimur, nec aliter quam in aqua manendo salvi sumus.»

Bien d'autres raisons, d'ailleurs, que celle tirée du sens symbolique du poisson, ont contribué à faire de cet animal le sujet de plusieurs légendes. Dans la

---

[270] Les anciens plaçaient sur les tombeaux, comme pour y servir de repas aux morts, des plats ronds, nommés Πίναχες χοῖλοι, sur lesquels ils représentaient des poissons. R. Rochette, *2ᵉ Mémoire sur les antiq. chrét.*, t. XIII, des *Nouv. Mém. de l'Acad. des insc. et bell. lett.*, p. 228. Cf. Boldetti. *Oss.*, p. 360, 364, 370.

[271] « Est enim Christus piscis ille qui ad Tobiam ascendit de flumine vivus, cujus jecore per passionem assato fugatus est diabolus et per amaritudinem fellis afflatus est cæcus et ille illuminatus est mundus.» S. Augustin, *Sermo IV de SS. Paulo et Petro*, in-12. Au souvenir de ce miracle pouvait encore se rattacher le souvenir de la pêche miraculeuse. Le pêcheur se voit, à titre de symbole, sur des sarcophages chrétiens. Bottari, I, pl. 42, Cf. Münter, I, p. 58. On sait que le miracle de la pêche de saint Pierre et de saint André avait particulièrement frappé les chrétiens. Il a été reproduit dans la vie de saint Bonnet (Bonitus), évêque de Clermont. Bollandistes, *Acta*, XV jan., p. 1073. Suivant la légende, des pêcheurs durent à la vertu du saint la prise d'un énorme poisson. Cette fable, au reste, pourrait bien avoir été fabriquée sur le nom du saint évêque lui-même, qui est en même temps celui d'un poisson de l'espèce des scombres pélamydes. Ce même miracle a été encore reproduit dans la vie de sainte Anne. Bolandistes, *Acta*, XXVI jul., p. 291, dans la vie de saint Antonin, *idem*, II maii, p. 342, et dans celle de sainte Botride, XXVIII jul., p. 637.

[272] Münter cite des fonts baptismaux qui se trouvent dans une église d'un village de Sélande, près de Ringsted, et sur lesquels on a sculpté trois poissons formant un triangle. Il est très probable que l'on a voulu figurer symboliquement la Trinité. *Sinnbilder*, t. I, p. 49, fig. 26. Ce même hiéroglyphe se retrouve dans certaines armoiries, par exemple, dans celles de la famille Lucy de Charlecote. Th. Moule, *Heraldry of fish, notices on the principal families bearing fish in their arms*, p. 55 (London, 1842). On doit également reconnaître un emblème de la Trinité, dans les trois poissons à une seule tête que certaines familles allemandes, telles que les Kreckwitz et les Dernheim de Silésie, les Hünder de Franconie, portent dans leurs armoiries. Cf. Moule, *ouv. cit.*, p. 81. Voyez aussi les poissons figurés sur les fonts baptismaux des églises de Boulogne-sur-Mer ; de Gemona (Frioul), de Pisano (Istrie).

[273] *Épist.* XIII, p. 73.

[274] Tertullien, *De baptismo*, in-12.

religion de la Syrie, le poisson jouait un rôle important. On sait que les croyances de cette contrée n'ont pas été sans exercer une influence sensible sur les idées chrétiennes. Les Syriens attachèrent aussi au poisson des idées de salut. Comme le Christ, Oannès, le poisson-homme, s'était fait connaître à l'humanité, pour enseigner la sagesse. A Bambyce, une tradition religieuse rapportait qu'un grand poisson y avait un jour sauvé Derceto[275]. Le fameux dieu des Philistins *Dagon* était un dieu-poisson[276].

La célèbre aventure de l'anneau de Polycrate[277] a fourni aux légendaires le sujet d'un miracle, qui n'est que la reproduction de cette fable, et qu'on voit figurer dans la vie de saint Arnould[278], de saint Kentigern[279], de saint Maurille[280]. Seulement, pour ce dernier, on a substitué une clé à un anneau. Plusieurs familles nobles portaient dans leurs armoiries des poissons avec des anneaux dans la gueule[281], images qui se rapportaient sans doute à des légendes semblables. L'Orient a aussi reproduit les mêmes fables. Suivant les récits arabes, un poisson rapporta un jour à Salomon un anneau magique qu'il avait perdu. Un fait semblable est raconté dans l'histoire d'Haroun al Raschid[282]. Ces légendes rappellent la pièce d'or que le Christ, d'après l'Évangile[283], trouva dans la gueule d'un poisson, fait incompréhensible et dont l'origine mythologique doit être cherchée dans de plus anciennes croyances. Hérodote[284] rapporte que l'on mettait souvent

---

[275]   Creuzer, trad. Guigniaut, t. II, p. 82 et suivante.

[276]   Dag en hébreu signifie poisson, et c'est sous ce nom qu'est désigné le Christ dans les écrits talmudiques. Münter, t. I, p. 49.

[277]   Cf. Hérodien, lib. II, c. 41 ; Pline, *Histoire naturelle*, lib. XXXVIII, n° 1.

[278]   *Christliche Kunstsymbolik*, p. 65.

[279]   D'après une légende écossaise fort célèbre, une femme avait laissé tomber son anneau conjugal dans la Clyde ; son époux s'imaginant qu'elle l'avait donné à quelque amant, en conçut un violent accès de jalousie. La femme innocente alla se jeter aux pieds de saint Kentigern, évêque de Glasgow, pour le supplier de rendre manifeste sa fidélité et, sur la prière du pieux prélat, un saumon rapporta du fond des eaux, l'anneau perdu. C'est en mémoire de cette légende, que, depuis l'évêque Wishart, qui vivait sous Edouard II, la ville de Glasgow et plusieurs de ses évêques ont porté dans leurs armoiries des saumons, l'anneau dans la gueule. On raconte une légende analogue dans la ville de Newcastle-on-Tyne. Cf. Moule, *The Heraldry of fish*, p. 124 et sq.

[280]   Giry, 13 sept.

[281]   Telles sont les familles Hamilton de Haggs et Sprothé. La famille allemande des Proy de Findelstein porte un bras habillé d'azur, tenant un poisson avec un anneau d'or dans la gueule. La même représentation est reproduite en guise de cimier. Moule, I. Ces poissons portant un anneau dans leur gueule, rappellent les poissons symboliques, portant couronne, qui se voient sur les monuments chrétiens.

[282]   Reinaud, *Monuments du cabinet Blacas*, t. I, p. 128.

[283]   Math. XVII, 27.

[284]   Lib. II, c. 9.

des anneaux et des bijoux à des crocodiles sacrés. Selon Lucien[285], on conservait au temple d'Hierapolis, dans un vivier, des poissons auxquels on mettait des ornements d'or. Des idées superstitieuses se sont donc attachées de tout temps aux poissons et aux anneaux ou cachets. Les Romains, par exemple, mettaient à la conservation de ces joyaux la plus grande importance. Galba ayant perdu le sien, cet événement fut regardé comme de très funeste augure. Certains anneaux avaient des vertus magiques ; tel était celui de Salomon dont nous avons parlé tout à l'heure, et celui de Gygès, à l'aide duquel il se rendait invisible[286].

Le dauphin désigna aussi le Christ. Et comme cela avait eu lieu pour la colombe, les chrétiens conservèrent sur leurs sarcophages ce symbole d'origine païenne, en lui attribuant un sens nouveau[287]. Les anciens avaient toujours manifesté pour cet animal une sorte de vénération ; ils le regardaient comme très attaché à l'homme et comme ayant été plus d'une fois, pour lui, une occasion de salut. Cette croyance venait de l'observation, faite par les premiers navigateurs, que ces cétacés suivent par troupes les navires, afin de dévorer les restes d'aliments qu'on en jette. Quand le temps s'éclaircit, les dauphins viennent folâtrer en foule à la surface de la mer, y font mille cabrioles. Les matelots les regardent pour cette raison, comme précurseurs du beau temps[288]. C'était sur des dauphins que les artistes représentaient les âmes bienheureuses allant aux Iles Fortunées[289]. Cette idée

---

[285] *De dea Syria*, 41.

[286] Cf. Cicéron, *De officiis*, lib. III, c. 9 ; Fort. Liceti Genciens. *De annulis antiquis*, c. 22 et sq. (In-4°, Utini, 1645).

[287] Boldetti, *Osserv.*, d. 366. Bottari, pl. 68-91. Millin, *Voyage dans le midi de la France*, t. III, p. 167 et suiv. Creutzer, *Religions de l'antiquité*, trad. Guigniaut, t. II, partie 2, p. 632.

[288] Cf. Pline, *Histoire naturelle*, lib. IX, c. 8. Les anciens avaient surnommé cet animal, à raison de cette croyance, φιλάνθρωπος. Elien, *Hist. anim.*, 12, 45. Hérodote, I, 24. Pausanias, III, 255. Plutarque, *Traité sur les animaux les plus avisés*. Au dire de ce dernier, Cœranus fut sauvé par ce poisson et plusieurs dauphins vinrent assister à ses funérailles. Arion fut porté par un dauphin, au cap Ténare. Solin, *Polyhist.*, c. 42. Apollon métamorphosé en dauphin servit de guide à une colonie crétoise qui se rendait à Delphes. Pausanias, *Attica*, 19, 1. Taras, fils de Neptune, alla de Ténare à Tarente, monté sur un dauphin. Paus., lib. X, c. 10, 4. C'est à cette croyance du soin que les dauphins prennent pour le salut des hommes, que font allusion ces vers du Dante :

> Come i delphini, quando fanno segno
> A, marinar con l'arco della schiena,
> Che s'argomentin di campar lor legno.
> (*Inferno*, c. XXII).

[289] Cf. R. Rochette, *Mémoires sur les Antiquités chrétiennes*, t. XIII, p. 230, des *Nouv. Mémoires de l'Acad. des insc. et bell. lettr.* «Quelquefois, dit le savant antiquaire, c'est sous la forme du dauphin, animal employé plus spécialement dans le langage symbolique de l'antiquité, pour exprimer l'idée de navigation aux Iles Fortunées, c'est, dis-je, sous forme du dauphin que se produit cet hiéroglyphe chrétien.»

de salut, attachée à cet animal, cette affection supposée qu'il témoignait, dit-on, aux mortels, cette fonction, qu'on lui attribuait, de mener les hommes au séjour éternel du bonheur : tout cela explique que les chrétiens aient fait du dauphin une image du Sauveur, l'aient adopté comme un symbole qui devint plus tard le sujet de légendes. Cet emblème figure parfois dans les églises du moyen âge, comme à Wechselburg, où l'on a sculpté cet animal à l'extérieur du chœur de l'église, dans une embrasure de fenêtre[290]. On représentait quelquefois des saints ayant près d'eux ce poisson, emblème du Sauveur. Le peuple crut voir l'image de quelques-uns de ces animaux ; il supposa, par l'effet des réminiscences antiques, que ces dauphins avaient porté ces pieux personnages sur la mer et il ressuscita, comme on le voit dans la vie de saint Lucien[291], la vieille fable de Mélicerte[292].

---

[290] L. Puttrich, *Denkmale des Baukunts des Mittelalters in Sachsen*, pl. 12, fig. F.
[291] On raconte le même fait dans la vie de saint Callistrate et de saint Martinien. *Christus Kunst-symb.*, d. 38. Collin de Plancy, *Dictionnaire des reliques et images*, t. I, p. 36. Une légende analogue rapporte que saint Brandan fut porté sur le dos d'une baleine. Colganus, *Acta sanctorum Hiberniæ*, t. I, c. 18, p. 428.
[292] Mélicerte, fils d'Athamas et d'Ino se précipita dans les flots. Son corps fut rapporté par un dauphin, à l'isthme de Corinthe, où il fut honoré comme une divinité, sous le nom de Palémon. Cf. Pausanias, *Corinthide*, 44, 1 ; Elien, *Variæ Historiæ*, 8, 17 ; Athen., 10, 8.

Les animaux, symboles des quatre évangélistes

Les quatre évangélistes ont été figurés, dans les premiers siècles du christianisme, par quatre sources d'eau vive qui s'échappent d'un rocher, sur lequel est placé le Christ enseignant à ses apôtres. Ces représentations devaient leur origine aux paroles de saint Paul, dans sa première épître aux Corinthiens : « Et omnes eumdem potum spiritalem biberunt, bibebant autem de spiritali, consequente eos, petra : petra autem erat Christus (ch. X, v. 4)[293]. » Ces quatre sources étaient pour les fidèles les images des quatre fleuves qui arrosaient le Paradis, image à leur tour des évangélistes, qui avaient fait couler la parole de Dieu échappée de la source divine[294]. Saint Paulin de Nole rappelle ce sujet dans la description de sa basilique :

> Petram superstat ipse Petra ecclesiæ
> De qua sonori quatuor fontes meant,
> Evangelistæ, viva Christi flumina.
> (Ep. XXXII).

Plus tard les chrétiens préfèrent, à ces emblèmes des évangélistes, les quatre animaux mystérieux de la vision d'Ézéchiel, qu'ils associèrent aussi parfois aux quatre fleuves symboliques[295].

---

[293]   « Lapis sub persona filii hominis introducitur et assumptio carnis humanæ significatur in filio Dei. » S. Irénée, *Adversus Hæreses*, 3, c. 7, 28. « Fons ibi est ubi Christus est, fons est ut aquæ superfluant requirentibus : quo et universa carnis vel flagitia diluantur vel restinguantur incendia. Hæc ergo est altitudo sapientiæ et scientiæ Dei. «S. Ambroise, *Opera Præfatio in Enarrationem*, Psalmin XLV. Cf. S. Grégoire le Grand, *Morale*, lib. V, in c. 4. *Hiobi*, c. 17. On lit dans le *Rationalia de Durand*, vieille trad. franç. de Jean Golein : « Le fleuve qui yssoit de paradis, du lieu délectable, arrousoit toute la face de la terre. Icelui fleuve estoit divisé en quatre parties, qui signifioient les quatre sens exposants de la sainte Escripture. Si est bien la sainte Escripture comparée au fleuve partout, car par la profondeur de l'Escripture qui flue est ainsi comme *puteus aquæ viventium*, le puys des eaux vives. Part. 7, f° 312. Cf. Mosis, Bar Sepha, Syr. épisc. *Commentarius de Paradiso*, part. 2, c. 7, p. 93, ap. Lavigne, *Bibl. vet. patr.*, t. I.

[294]   La parole et la grâce divine ont été souvent comparées aux eaux d'un fleuve. « Ses grâces sont immenses et leurs fleuves arrosent les terres sans eaux. » lit-on dans une séance de Takemoni, *Nouveau journal asiatique*, série 3, t. III, p. 21.

[295]   Florus, poète, qui a été diacre et écolâtre de Lyon, dit que l'abside de l'église Saint-Jean était décorée des quatre animaux mystiques et des quatre fleuves du paradis. Abbé Jacques, l'*Église primatiale de Saint-Jean à Lyon*, p. 38 (in-8°, 1837). Cette association rappelle une idée indienne qui paraît avoir la parenté la plus intime avec celle qui a suggéré ces compositions em-

En adoptant ces symboles nouveaux, les fidèles dénaturaient complètement le sens, que ces quatre animaux avaient eu dans la vision du prophète : en effet, dans Ézéchiel, ils sont les emblèmes des quatre vents, des quatre points cardinaux, des quatre génies tutélaires de la nature[296]. C'étaient, ainsi que les représentations désignées par les juifs sous le nom de chérubins, des figures panthées[297] exprimant tout un ensemble d'idées cosmologiques[298]. Voilà pourquoi Ézéchiel a fait de ces animaux le symbole de toute la nature vivante, en leur donnant la face des quatre animaux dont chacun est le roi de son espèce, à savoir l'homme, le lion, le bœuf et l'aigle[299], et de ces quatre forces de la nature, le prophète fit les quatre chevaux du char du Tout-Puissant.

---

blématiques. Sur le mont Merou gît la puissance cachée de Dieu. Sur cette montagne habitent quatre forts animaux, de la bouche desquels s'échappent les grands fleuves. Ces animaux sont le cheval, le chameau, le cerf et le bœuf. Creuzer, trad. Guigniaut, t. I, p. 136. Dans un grand nombre de mythologies, on voit reparaître ces quatre fleuves. Par exemple, chez les scandinaves, de la vache Audumbla, s'échappaient quatre torrents de lait, qui nourrirent le géant Ymer, dont le corps servit à faire le monde. Voyez X. Marmier, *Lettres sur l'Islande*, p. 163.

[296] Au moyen-âge, on avait de même adopté quatre animaux que l'on regardait comme présidant aux quatre éléments : c'était le caméléon pour l'air, la taupe pour la terre, le hareng pour l'eau et la salamandre pour le feu ; d'où ce quatrain :

> Quatuor ex puris vitam ducunt elementis :
> Chameleon, talpa, maris hales et salamandra.
> Terra cibat talpam, flammæ pascunt salamandram,
> Unda fit haleci cibus, aer chameleonti.
> Cf. Berger de Xivrey, *Traditions tératologiques*, p. 512.

[297] Au dire de Bérose, on voyait dans le temple de Bel de ces représentations *panthées*, que l'on regardait comme les créatures produites par la nature, dans ses premiers essais d'organisation. Fabricius, *Bibliotheca græca*, t. IX. Les gnostiques faisaient aussi un grand usage de ces sortes de représentations. Matter, *Histoire du gnosticisme*, pl. I, E. fig. 1, 10, 11, 12.

[298] Cf. le savant mémoire de l'abbé Chiarini intitulé *Fragments d'astronomie chaldéenne* découverts dans les visions du prophète Ézéchiel. *Nouv. Journal asiatique*, t. VI, 1830.

[299] « Le roi des bêtes fauves est le lion, le roi du bétail est le bœuf, le roi des volatiles est l'aigle ; mais l'homme est élevé au-dessus de tous les animaux, et Dieu est au-dessus des animaux, de l'homme et de tout l'univers. » Talmud, Hagiga, XIII, 2. Ὥσπερ γὰρ ὁ ἀετός βασιλεύς τῶν ὀρνέων χαὶ ὁ λεών τῶν ἀγρίων θηρίων χαὶ ὁ ταύρος τῶν ἡμέρων ζώων χαὶ ὁ ἄνθρωπος τῶν χτισμάτων. S. Macarius, Egypt. *Homil.* I, c. 3, ap. oper., t. II, p. 5. Le savant Eusèbe Salverte, dans son intéressant ouvrage sur les *Sciences occultes*, t. I, p. 163, remarque avec beaucoup de raison, que la prétendue métamorphose de Nabuchodonosor en une bête qui tenait de l'homme, du bœuf, du lion et de l'aigle, se rattache aussi à des idées astronomiques, semblables à celles qui ont donné naissance aux animaux symboliques d'Ézéchiel et de Daniel. On lit dans la Bible en vers français, par Macé (de La Charité-sur-Loire), curé de Sancoins, vers 1300 :

> Jesus Criz en hons et veaus
> Jésus en lyons et oyseaus ;
> Hons fut tant com vesqui sur terre,

Les chrétiens, ignorants en général du sens véritable de ces animaux symboliques, comme en général du véritable esprit des prophéties et des institutions hébraïques, ne voulurent absolument voir dans ces emblèmes que les figures des quatre évangélistes; mais, attendu que rien n'indiquait, d'une manière précise, auquel de ces quatre animaux chaque évangéliste devait être rapporté, ils restèrent d'abord divisés, à cet égard[300]. Ce ne fut que plus tard que prévalut l'opinion de saint Jérôme et qu'on attribua définitivement[301] l'homme à saint Mathieu, le lion à saint Marc, le bœuf à saint Luc et l'aigle à saint Jean[302]. Ainsi, un premier effet des nouvelles croyances religieuses avait été de transformer, en symboles des quatre rédacteurs de la parole divine, les emblèmes de la nature et de la puissance de Dieu qui l'anime. Le peuple ne s'arrêta pas là: les figures étant ailées, l'homme dut recevoir des ailes, et cette circonstance suffit pour faire de l'homme symbolique, un ange, qui inspirait saint Mathieu, qui lui dictait les pages destinées à raconter au monde la vie du Christ. Voilà comment les artistes représentèrent le

---

Veau quant mort le cor li serre,
Lyons fu en ressuscitant,
Et oyseaus en lasus montant.

Paulin Paris, *Les manuscrits français*, t. III, p. 365-367.

[300]   Saint Irénée rapporte l'homme à saint Mathieu, l'aigle à saint Marc, le bœuf à saint Luc, le lion à saint Jean (*Adversus Hœreses*, III, 1.); saint Augustin: le lion à saint Mathieu, l'homme à saint Marc, le bœuf à saint Luc, l'aigle à saint Jean (*De consensu Evangeliorum*, lib. I, c. 6.); saint Jérôme: l'homme à saint Mathieu, le lion à saint Marc, le bœuf à saint Luc, l'aigle à saint Jean (*In Ezechielem*, cap. 1, et *Prœmium commentarii in Matthœum*). Un tableau de Gérard Seghers, d'Anvers, peintre du XVIIᵉ siècle, donne le bœuf pour attribut à saint Mathieu. Jean Bullant lui a donné le lion, dans un bas-relief qui décorait un autel en pierre de la chapelle du château d'Ecouen.

[301]   Voici comment Isidore de Séville explique ces symboles dans ses *Allégories tirées de l'Écriture*: «Matthæus enim, eumdem redemptorem nostrum natum et passum annoncians, in similitudinem hominis comparat. Marcus a solitudine exorsus, leonis figuram induit et Christi regnum invictum, potentiamque proclamat. Lucas quoque, per vituli mysticum vultum, Christum pro nobis prædicat immolatum. Joannes autem per figuram aquilæ, eumdem dominum post resurrectionem carnis demonstrat evolasse in cœlum.» L'opinion de saint Jérôme a été aussi partagée par saint Ambroise, Sedulius, Fulgentius. Cf. Suiceri, *Thesaurus ecclesiasticus* s. v. Ζῶον. «Marcus, ut alta fremit vox per deserta leonis.» Inscription de Saint-Paul-hors-les-Murs, reproduite dans plusieurs évangéliaires manuscrits.

[302]   L'aigle de saint Jean rappelle l'oiseau fantastique à corps humain et à tête d'oiseau, nommé *Garoudha*, qu'on donne, dans la mythologie indienne, pour monture à Vichnou. Creuzer, trad. Guigniaut, t. I, p. 194. Voyez dans la planche n° 17 de l'ouvrage de Münter, sur les symboles, l'aigle de l'évangéliste saint Jean, remplacé par un homme à tête d'aigle. Certains miniaturistes du moyen âge, précurseurs de Grandville, s'amusaient à représenter des personnages, et particulièrement des prélats, à tête de bœuf, de chien, d'âne et d'oiseau; ou bien, leur conservant la tête humaine, ils terminaient le corps sous le manteau en un animal immonde, porc ou serpent. Voyez J. Garnier, *Catalogue des manuscrits de la bibliothèque d'Amiens*, p. 270.

premier des évangélistes[303]. Quant aux autres, on transforma aussi les animaux qui les accompagnaient en animaux véritables qui leur avaient servi de compagnons. Les miniatures du moyen âge nous montrent l'aigle tenant dans son bec l'encrier de saint Jean[304]. On reproduisit en certains endroits, sur l'évangile de saint Marc, la légende d'Androclès attribuée, ainsi que nous l'avons vu, à un grand nombre de solitaires[305].

---

[303] Dans certaines représentations, les quatre animaux sont remplacés par des anges à tête symbolique, (Bertoli, *Le Antichita d'Aquileja*, p. 404 et sq.), ou simplement des hommes, comme on le voit dans un tableau sur bois de Barnabé de Modène. D'Agincourt, *Peintures*, pl. 133. Dans l'église Saint-Étienne de Bologne, on a figuré saint Jean avec une tête d'aigle. *Schœne, Geschichtsforschungen über die Kirchlichen. Gebrœuche und Einrichtungen der Christen*. III, n° 17. Sainte Gertrude, dans une de ses extases, vit saint Jean lui apparaître, avec un vêtement blanc parsemé d'aigles d'or. Dans une peinture ruthénique du XIVe siècle rapportée par d'Agincourt, pl. 120, la Vierge est représentée tenant un oiseau à quatre têtes, dont chacune est une de celles des animaux de la vision d'Ézéchiel.

[304] Voyez notamment un grand missel manuscrit du XIIe siècle de la Bibliothèque nationale.

[305] J'ai vu, dans une vieille gravure représentant les quatre évangélistes, saint Marc figuré avec un lion qu'il tenait en laisse. Dans des vies populaires de saints gravées sur bois, que l'on colportait au XVIe siècle, on raconte l'histoire de ce lion, avec des circonstances identiques à celles de la légende de saint Jérôme. Dans l'Évangéliaire de Charlemagne de l'abbaye de Saint-Saturnin à Toulouse, on a peint les quatre animaux symboliques inspirant les évangélistes ; ce qui a peut-être trait à la croyance populaire, que ces animaux avaient été les ministres de l'Esprit-Saint. *Voyage dans l'ancienne France*, Languedoc, t. II, p. 1, pl. 12 ter.

Table des matières